LOUIS HERLAND

CORNEILLE
par lui-même

"ÉCRIVAINS DE TOUJOURS"

aux éditions du seuil

PETRVS CORNELIVS ROTHOMAGENSIS

Anno Dñi. 1643.

M.ajo del. et fe.

Puisque c'est un avantage pour dépeindre les passions que de les ressentir...

CORNEILLE

A Rouen ce 12 de Mars 1659

Monsieur

Quelque pleine satisfaction que vous ayez receu
de la nouuelle representation d'Oedipe, ie puis vous
asseurer qu'elle n'egale point celle que i'ay eue a lire
vostre lettre, soit que ie la regarde comme un gage
de vostre amitié, soit que ie la considere comme une
piece d'eloquence remplie des plus belles et des
plus nobles expressions que la langue puisse souffrir. Ie
n'excite M... quelque approbation qu'ait receu
en prouffra nostre nouuelle Frasle, elle n'a point fait
dire tant de haha dans l'Hostel de Bourgogne que
nostre lettre dans mon cabinet. Mon frere et moy
les auons redoublez a toutes les lignes, et auons
trouué de continuels suiets d'admiration. Je suis rauy
que M... de Beauchasteau aye si bien reussy, nostre
lettre n'est pas la seule que i'en ay veue, On a mandé
du marais a mon frere qu'elle auoit estouffé les
applaudissements qu'on donnoit a ses compagnons pour

ÉTAT PRÉSENT
DES ÉTUDES CORNÉLIENNES

Quelques indications bibliographiques

Les grands travaux universitaires se sont longtemps détournés des classiques et surtout des plus grands, estimés trop connus (ce qui n'est pas vrai) ou, peut-être, trop difficiles ! On attend encore de grandes thèses sur Racine, sur Molière ou sur La Fontaine. Corneille, plus heureux, et bénéficiant d'un retour en faveur très marqué depuis quelque vingt ans, a suscité au cours de cette période au moins trois importantes thèses de doctorat en Sorbonne : celle de P. Rivaille : *Les débuts de Corneille*, 1936 ; celle d'O. Nadal : *Le sentiment de l'amour dans l'œuvre de P. Corneille*, 1948, plus brillante que solide, et plus proche du genre de l'essai que de la thèse ; enfin celle de G. Couton sur *La Vieillesse de Corneille*, 1949, qui, avec les autres études cornéliennes du même auteur (*Le Légendaire cornélien*, 1949 ; *Corneille et la Fronde*, 1951), constitue, et de très loin, le travail le plus à jour, le plus sérieux, le plus intelligent aussi, que l'on puisse aujourd'hui consulter : nous l'avons très largement mis à profit pour toute la période correspondante de la vie de Corneille.

Autres instruments de travail : la *Bibliographie cornélienne* de Picot (1876) continuée par Le Verdier et Pelay (1908) ; F. Bouquet : *Points obscurs et nouveaux de la vie de P. Corneille*, 1888 ; *The Genesis and Sources of P. Corneille's tragedies from Médée to Pertharite*, par L. Melville-Riddle, 1926 ; la monumentale *History of french dramatic literature in the seventeenth century*, de Carrington Lancaster (8 volumes, Baltimore 1929-1940) ; et, bien qu'il y ait lieu de les corriger aujourd'hui sur plus d'un point, les notes de la grande édition complète de Corneille par Marty-Laveaux dans la Collection des *Grands Écrivains* (12 volumes, Hachette 1862), qui demeure l'unique édition dans laquelle il soit possible d'étudier Corneille tout entier (sauf deux ou trois petits textes découverts depuis). Ajoutons enfin la récente *Histoire de la Littérature française au* XVIIe *siècle*, d'Antoine Adam (trois volumes : 1948, 1951, 1952).

Quant aux essais, trois noms dominent le lot. Ce sont, dans l'ordre chronologique (que les mânes des deux premiers me pardonnent de les réconcilier ici !) :

1º Lanson, dont le *Corneille* (1898) est toujours bon à relire, bien que le grand Corneille y soit, selon nous, un peu trop ramené aux dimensions d'un témoin et d'un observateur de son siècle. Un retour assez net à cette tendance se remarque cependant aujourd'hui (voir ci-dessous : G. Couton).

2º Péguy, à qui nous devons d'avoir découvert les véritables dimensions de Corneille. Celui-là, négligeant l'accessoire, l'anecdote, le côté XVIIᵉ siècle de Corneille et, il faut bien le dire aussi, vingt aspects secondaires, d'ailleurs charmants, de son œuvre, est allé droit à l'essentiel, c'est-à-dire à ce qui fait de Corneille un tragique éternel comme Sophocle. Les principaux textes de Péguy sur Corneille sont à chercher dans son *Victor-Marie Comte Hugo* (1910) et dans sa *Note conjointe sur M. Descartes et la philosophie cartésienne* (1914).

3º Schlumberger, dont le *Plaisir à Corneille* (1936) nous révéla ces aspects secondaires et charmants de Corneille auxquels personne n'avait fait attention. Au lieu de l'aborder en historien comme Lanson ou, comme Péguy, en croyant et par sa face la plus abrupte, il l'abordait en dilettante, négligeant un peu les hautes cimes et leur profil trop connu. Conclusion : l'idée, pas absolument neuve (cf. Hugo), d'un Corneille romantique (fantaisie gracieuse ou âpre réalisme) luttant contre son propre génie pour le plier à la règle et aux froides exigences du style classique, sans y parvenir, Dieu merci, toujours.

Après ces trois pièces maîtresses de la critique cornélienne, le *Corneille* de Brasillach (1938) n'est qu'un feu d'artifice multicolore ; du moins l'auteur, qui était jeune, eut le mérite de sentir le premier ce qu'il y a d'incorrigible jeunesse jusque dans les pièces de la vieillesse de Corneille et de montrer qu'en maint endroit de son œuvre se manifeste une véritable horreur des vieux.

Vers le même temps Roger Caillois lançait dans la N. R. F. (mars et octobre 1938) la thèse, qui fit quelque bruit, d'un Corneille amoraliste et pessimiste, précurseur de Schopenhauer et de Nietzsche, — thèse dont quelque chose se retrouve dans l'ouvrage d'O. Nadal (1949) cité plus haut.

Le *Corneille* de Léon Lemonnier (1945), — écrit (comme au lendemain de l'autre guerre celui d'Auguste Dorchain, 1920) avec la ferveur d'un Rouennais pour l'un des plus illustres enfants de Rouen, — raconte la vie de Corneille de façon pittoresque et vivante (quelques inexactitudes çà et là) et apporte une contribution non négligeable à l'intelligence de son œuvre en soulignant le manque de volonté de la plupart des personnages cornéliens et en présentant Corneille écrivain comme un virtuose pour qui chacune de ses pièces aurait été, avant tout, un moyen de se prouver à lui-même qu'il était souverainement maître de sa technique et capable de traiter n'importe quel sujet ou d'écrire dans n'importe quel ton.

Les beaux travaux de Georges Couton (1949 et 51), déjà cités pour la solidité de leur érudition, ont droit de figurer aussi en bonne place parmi les ouvrages qui ont récemment renouvelé la critique cornélienne. Historien avant tout, G. Couton a été frappé par l'importance jusqu'ici méconnue de l'*allégorie* dans la littérature du XVIIᵉ siècle. Presque toutes les pièces de Corneille seraient ainsi des pièces à clé et devraient s'expliquer, pour une part importante, par référence aux événements et aux personnages politiques contemporains, — sans préjudice de l'explication par la vie personnelle du poète, à laquelle G. Couton fait aussi sa part. Il fallait un certain courage pour revenir aux vieilles méthodes d'interprétation par la biographie et l'histoire, si décriées depuis une trentaine d'années. Le danger est seulement d'en faire un système.

Qu'il nous soit permis de signaler enfin notre étude : *Horace, ou Naissance de l'Homme* (1952). L'auteur s'y est proposé d'illustrer par un exemple précis, celui d'*Horace* (mais la même démonstration pourrait être répétée pour d'autres pièces), la nécessité pour la critique, avant de bâtir des théories sur Corneille, de commencer par relire attentivement ses pièces ; sinon l'on risque de bâtir sur des contresens : ce qui serait le cas des conclusions qu'on a toujours cru pouvoir tirer d'*Horace*, s'il est vrai, comme l'auteur espère l'avoir démontré, qu'on a toujours mal compris cette pièce et en particulier le rôle du jeune Horace. Des trois options qui s'offrent à la critique, il a choisi délibérément la plus humble : celle qui, ni philosophique ni historique, borne son ambition à comprendre le texte en s'aidant seulement de bons yeux et d'un peu de psychologie.

Le présent travail voudrait n'être pas moins modeste, encore qu'il embrasse un objet démesuré. Comment tout dire, en effet, sur Corneille dans un si petit livre ? Plusieurs gros volumes y suffiraient à peine. Et comment délimiter « l'essentiel » lorsqu'il s'agit d'un auteur aussi fécond, aussi divers et qui s'est aussi souvent renouvelé que Corneille ?

Du moins ne sera-t-il pas inutile de présenter d'abord, à l'état de faits bruts, un tableau à peu près complet de ce que l'état présent des études cornéliennes permet — sauf erreur de notre part — de savoir ou d'entrevoir de l'homme qui fut Corneille. Le film sera long, Corneille ayant vécu 78 ans et produit pendant un peu plus d'un demi-siècle.

A. Maison dans laquelle est né Pierre Corneille.
B. Maison dans laquelle est né Thomas Corneille.

*Rue de la Pie, à Rouen. La maison de gauche
est aujourd'hui le Musée Pierre Corneille.*

CHRONOLOGIE CORNÉLIENNE

La famille Corneille, originaire de Conches près d'Évreux, était depuis deux générations au moins (les connaissances ne remontent pas plus haut) une famille d'honnête bourgeoisie : avocats, greffiers, prêtres ou « officiers » (fonctionnaires). Le grand-père, Pierre Corneille (le prénom se transmettra de père en fils à l'aîné de la branche aînée), conseiller référendaire à la chancellerie du Parlement de Normandie, avait épousé en 1570 Barbe Houël, fille d'un Jean Houël, sieur de Valleville, et nièce du greffier criminel au Parlement. Il en eut huit enfants, dont quatre fils : Pierre, maître des Eaux et Forêts en la vicomté de Rouen, le père du poète ; Antoine, prêtre, curé (non résident) d'un village près d'Yvetot ; Guillaume, marié dans le pays de Conches et vivant sur ses terres ; et François, procureur (c'est-à-dire avoué) au Parlement.

1584. Acquisition par le grand-père de la maison de la rue de la Pie, près du Vieux Marché, à Rouen, où Corneille naîtra et où il habitera jusqu'à l'âge de 56 ans.

1602. Pierre Corneille, le père, épouse la fille d'un avocat de Rouen, Marthe Le Pesant.

6 juin 1606 : naissance de Pierre Corneille. Il aura cinq frères ou sœurs : Marie (Mme Ballan, plus jeune que lui de 3 ans ; Antoine (prêtre), de 5 ans ; Marthe (Mme Le Bovyer de Fontenelle, mère de Fontenelle), de 17 ans ; Thomas (le poète), de 19 ans ; Madeleine (morte à six ans), de 23 ans plus jeune.

1608. Acquisition d'une ferme, avec maison de maître très modeste, à Petit-Couronne près Rouen. Elle appartiendra plus tard au poète qui, peut-on croire, y fera de fréquents séjours.

Le lycée de Rouen. Dans une ville en gothique flamboyant, cette façade apprit à l'élève Corneille la beauté sévère de l'ordre classique.

1615-1622 (9 à 16 ans). Études, précoces et brillantes, chez les Jésuites de Rouen, dans les bâtiments tout neufs alors du collège de Maulevrier (lycée actuel). Plusieurs professeurs de ce collège devaient par la suite s'illustrer dans les missions du Canada, notamment le Bienheureux Père Jean de Brébeuf, mort martyr en 1649. — Deux prix de vers latins décernés à l'élève Corneille en troisième (1618) et en première (1620) nous sont parvenus. (Très fort en vers latins, Corneille continuera d'en faire jusqu'à sa vieillesse.) — On dit qu'il était encore au collège, et elle encore plus jeune, lorsqu'il fit la connaissance de celle qui allait être le grand amour de sa jeunesse et pour laquelle il fera bientôt ses premiers vers ; c'est d'elle qu'il dira, bien des années après : « *Je me sens tout ému quand je l'entends nommer* » (*Excuse à Ariste*, 1637).

1624 (18 ans). Richelieu devient premier ministre. — Corneille, licencié en droit, prête serment comme avocat stagiaire à l'audience civile du Parlement. Pendant quatre ans il va s'initier, de chambre en chambre, aux affaires de procédure ; mais l'amour et les vers l'occupent davantage.

1625 (19 ans) serait d'après Fontenelle l'année de sa première comédie : *Mélite ou les Fausses Lettres*, que l'on reporte habituellement à 1629, mais qui doit, selon nous, être au moins antérieure à la diatribe lancée en 1628 par le vieux poète Hardy contre « ces excréments du barreau qui s'imaginent de mauvais avocats pouvoir devenir bons poètes ». — Corneille s'imposa dès sa première pièce : « *Le succès en fut surprenant*, écrira-t-il trente ans plus tard : *il établit une nouvelle troupe de comédiens à Paris* (celle, jusque-là itinérante, de Le Noir et Mondory, qui concurrencera désormais celle de l'Hôtel de Bourgogne) ; *il égala tout ce qui s'était fait de plus beau jusqu'alors, et me fit connaître à la Cour.* »

1627 (21 ans). Par le mariage de l'oncle François, les Corneille deviennent indirectement alliés à la famille de Chalon (ou Jalon), d'origine espagnole (il y avait alors à Rouen une importante colonie espagnole). Un de ces Chalon de Rouen avait pour prénom Rodrigue : né en 1616, il aura 19 ou 20 ans quand Corneille écrira *Le Cid*.

1628 (22 ans). Le père de Corneille lui achète un double office de judicature à la Table de Marbre du Palais à Rouen : celui d'avocat du Roi au siège des eaux et forêts et d'avocat du Roi à l'amirauté de France. Ces beaux titres désignent d'assez modestes fonctions : désormais et pendant vingt-deux ans, Corneille, à raison de trois audiences en principe par semaine, défendra les intérêts de la Couronne dans des procès de batellerie, de droits de chasse ou de pêche, de coupes de bois, etc... Un registre des audiences de l'amirauté pour les années 1643-44-45 permet de voir que, sans être très absorbant, ce n'était pas une sinécure et que Corneille s'acquittait consciencieusement de sa charge.

1629. 16 février : le nouvel avocat du Roi est installé dans ses fonctions.

Au palais de justice de Rouen, la Table de Marbre
où se tenaient les audiences.

1630. 10 novembre : journée des dupes ; le 21, arrestation du maréchal de Marillac.

1631 (25 ans). Dans les premiers mois de l'année probablement [1] se joue *Clitandre ou l'innocence persécutée*, tragi-comédie dont l'action semble inspirée en partie par le procès de Marillac (peut-être même sur les conseils du duc de Longueville, gouverneur de Normandie, qui avait fait partie avec Marillac de la cabale contre Richelieu).

1632 (26 ans). Fin de 31 ou début de 32 ? *La Veuve ou le Traître trahi*, comédie. Mars : *Clitandre* s'imprime au moment même où le procès de Marillac (celui-ci vient d'être transféré à Rueil) entre dans sa phase décisive. La dédicace au duc de Longueville ainsi que la préface laissent entendre à mots couverts que le sujet de la pièce pourrait bien être d'une brûlante actualité. — C'est le premier livre imprimé de Corneille : il contient, à la suite de *Clitandre*, des *Mélanges Poétiques* du même, qui sont tout ce que nous possédons de ses vers de jeunesse.

Saison théâtrale 1632-1633 ? (ces saisons se comptent d'un carême à l'autre) : *La Galerie du Palais ou l'amie rivale*, celle de ses premières comédies qui eut le plus grand succès.

1633 (27 ans). Février : impression de *Mélite*, dédiée au duc de Liancourt, le premier protecteur parisien de Corneille.

Juin-juillet : séjour de la Cour aux eaux de Forges (Seine-Inf.). La troupe de Mondory y donne plusieurs pièces devant le Roi, dont au moins une de Corneille. Prié par son archevêque de composer, à l'occasion de leur séjour dans son diocèse, des vers en l'honneur du Roi et de Richelieu, il s'excuse en vers latins (*Excusatio*) : sa muse légère n'est pas digne, dit-il, de chanter de tels héros ; mais, en se défendant de le faire, il esquisse en quelques vers un éloge fort beau, dont Richelieu ne dut pas être mécontent, car il s'attachera bientôt le jeune poète.

1634 (28 ans). Saison 1633-34 (?), deux nouvelles comédies : *La Suivante* et *La Place Royale* (titre à succès, volé à un confrère) *ou l'amoureux extravagant*.

Mars : impression de *La Veuve*, dédiée à Mme de la Maison-fort, une jeune veuve très courtisée alors dans la belle société parisienne et néanmoins irréprochable. Cette dédicace donnait à sa pièce une caution mondaine et morale ; elle permet d'entrevoir un Corneille familier des meilleurs salons de Paris et y puisant ses modèles. — La pièce est précédée d'hommages adressés à l'auteur par la plupart de ses confrères illustres ou obscurs. On n'en voit que trois à qui Corneille ait de son côté payé le même tribut : Scudéry, Mareschal et La Pinelière. A

---

1. En ce qui concerne les dates d'un grand nombre de ses pièces, aucune certitude n'est possible : nous donnons les plus vraisemblables.

tous les autres, et notamment à Rotrou, Mairet, du Ryer, Claveret, rien. Même le gentil Boisrobert n'aura le sien que beaucoup plus tard (1646). — Ce dernier, pourvu d'un canonicat à la cathédrale de Rouen en 1634, se lie d'amitié vers ce temps avec Corneille, qu'il servit toujours fidèlement auprès de Richelieu, en particulier pendant l'affaire du *Cid*.

Sa sœur Marie — peut-être son modèle pour les rôles, si réussis, de jeune sœur espiègle et spirituelle qu'on trouve dans *Mélite*, *La Veuve*, *La Place Royale* (et dont quelque chose se retrouvera encore dans le personnage de Camille) — quitte la maison pour épouser le sieur Ballan, lieutenant en la prévôté de Normandie (famille cossue).

1635 (29 ans). Mort de sa petite sœur Madeleine, âgée de six ans. Vers ce temps, achève de s'établir le mécénat et la haute direction de Richelieu sur les lettres : nationalisation de l'Académie Conrart, promue *Académie Française* par lettres patentes de janvier 1635 ; pensions servies sur sa cassette personnelle à un certain nombre d'écrivains, qui se trouvent dès lors attachés à son service. De ce nombre est Corneille, qui touche une pension de 1.500 livres [1] ; il la touchera jusqu'à la mort du Cardinal et durant tout ce temps le considérera comme son protecteur et son « maître ». En 1635 il fait partie des cinq auteurs chargés par Richelieu d'écrire sous ses ordres des comédies dont il inventait le scénario. *La Comédie des Tuileries* (jouée le 4 mars 1635) sera éditée en 1638 — ainsi que *L'Aveugle de Smyrne* (représentée en 1637) — sous la signature des « cinq auteurs » (voir ci-dessous, année 1637).

Après la *Sophonisbe* de Mairet (1634), tous les poètes se mettent à la tragédie, et Corneille donne *Médée* (1er trimestre 35). A cette date il fait déjà figure d'écrivain important, un des trois ou quatre que les débutants se montrent au théâtre en disant : « Voilà M. Rotrou, ou M. du Ryer ; il a bien parlé de ma pièce qu'un de mes amis lui a depuis peu montrée », ou bien : « Messieurs, je vous demande pardon de mon incivilité : je viens de saluer M. Corneille qui n'arriva qu'hier de Rouen » (*Le Parnasse ou la Critique des Poètes*, par La Pinelière, 1635). — Le même auteur nous apprend qu'à cette date Corneille, à ce qu'on disait, préparait une pièce sur un ancien duc de Normandie. Renseignement inexact ? ou projet abandonné ? Corneille est alors tourné vers l'Espagne : il vient de rencontrer le personnage de Matamore dans un recueil bilingue de *Rodomontades espagnoles* publié à Rouen à l'usage des personnes qui veulent apprendre le castillan, et va découvrir bientôt *Las Mocedades del Cid*.

---

1. Multiplier par près de 1.000 pour avoir en gros la valeur en francs 1954.

RODOMON-
TADES ESPA-
GNOLLES.

Recueillies de diuers Autheurs, & notam-
ment du Capitaine Bonbardon, com-
pagnon du Soldat François

Mise en Espagnol & François pour la
contentement du Lecteur

A ROVEN,

Chez IACQVES CAILLOÜÉ, dans
la court du Palais.

M. DC. XXVII.

1636 (30 ans). Saison 1635-36 : *L'Illusion comique* (la pièce s'achève sur une apologie du théâtre où Corneille se fait le porte-parole de la profession tout entière, auteurs et comédiens : ce ne sera pas la dernière fois).

Août : les Espagnols prennent Corbie et poussent des avant-gardes jusqu'à Pontoise. Novembre : Corbie est reprise et l'ennemi repoussé à la frontière. Fin décembre : *Le Cid* (et non janvier 37 : on peut se fier à la mémoire de Thomas Corneille pour une date si glorieuse dans la carrière de son frère).

1637 (31 ans). Janvier : le Roi signe des lettres de noblesse conférées à Pierre Corneille père.

21 janvier : un Privilège pour la durée exceptionnelle de vingt ans est accordé à l'éditeur de Corneille pour ses quatre pièces encore inédites.

22 février : représentation au palais du Cardinal de *L'Aveugle de Smyrne*, œuvre des « cinq auteurs ». Dans l'édition, datée de l'année suivante, un mot du préfacier — et qui n'est peut-être qu'un lapsus — a donné à penser que quatre auteurs seulement avaient collaboré à cette pièce. Mais la chose est douteuse et, si l'un des cinq s'est en effet abstenu, rien ne prouve que ce soit Corneille, ni que Richelieu se soit jamais plaint d'avoir en lui un collaborateur moins docile que les autres. Tout cela semble bien avoir été inventé pour expliquer l'acharnement du Cardinal contre *Le Cid*, acharnement qui lui-même n'est probablement qu'une légende.

Février : publication de *La Galerie du Palais* (dédicace à Mme de Liancourt, qui n'a pas encore tourné à la plus stricte dévotion) et de *La Place Royale* (sans dédicace).

Mars : publication du *Cid* (dédicace à Mme de Combalet, nièce de Richelieu). La pièce continuait à faire salle comble au Marais, mais de tous côtés les lecteurs demandaient à la voir. *La Suivante* (sans dédicace) ne parut qu'en septembre. Sans doute Corneille l'avait-il réservée pour se ménager un moyen de répondre dans la préface aux attaques dirigées contre *Le Cid* ; cette préface contient en effet le dernier mot de Corneille dans la fameuse querelle.

La bagarre s'était déchaînée au début de l'année à la suite de l'imprudente divulgation de l'orgueilleuse *Excuse à Ariste*, où Corneille semblait jeter un défi à tous ses rivaux ; elle s'envenima, après échange de multiples pamphlets, jusqu'à des menaces de voies de fait (Corneille manqua être bastonné en effet dans un jeu de paume de Rouen), et prit fin en octobre seulement, sur une intervention impérieuse du Cardinal. Dès le mois de juin, ce dernier avait saisi de l'affaire l'Académie, après avoir obtenu le consentement forcé de Corneille (« *Puisque vous m'écrivez que cela doit divertir son Éminence, je n'ai rien à dire* »). Il semble toutefois que Richelieu n'ait point voulu persécuter le poète, mais imposer l'autorité de la nouvelle Académie et instituer en France par un précédent illustre une sorte de dirigisme d'État dans le domaine des belles lettres, comme dans tous les autres. *Les Sentiments de l'Académie sur le Cid* ne seront achevés qu'en décembre : il aura fallu six mois à ces Messieurs pour venir à bout de satisfaire leur Protecteur. Cependant Corneille écrivait à un de ses correspondants : « *Je vous supplie de considérer qu'elle* (l'Académie) *procède contre moi avec tant de violence et qu'elle emploie une autorité si souveraine pour me fermer la bouche...* » Il songeait déjà à écrire tout un livre pour répondre à celui de l'Académie ; mais Boisrobert qui sert dans tout ce temps d'intermédiaire entre Richelieu et lui, lui ayant fait savoir que cela déplairait au Cardinal, il y renonce (23 décembre).

L'année même a paru à Londres la première traduction du *Cid*.

1638 (32 ans). 5 septembre : naissance du futur Louis XIV.

Octobre : création d'un second avocat du Roi à la Table de Marbre de Rouen (la vente de nouveaux offices est un expédient financier bien connu) ; Corneille, craignant de voir baisser ses « épices », fait opposition. Suit une longue procédure qui ne prendra fin qu'en juin 1640, par le maintien du second magistrat. Ces difficultés expliquent en partie l'arrêt de la production littéraire de Corneille (trois années de silence). La querelle du *Cid* l'avait certainement affecté aussi ; il ne gardera pas rancune à Chapelain, simple rédacteur des *Sentiments*, mais à son maître, et ne reconnaîtra jamais avoir consenti à soumettre *Le Cid* au jugement de l'Académie.

1639 (33 ans). 15 janvier : Chapelain écrit à Balzac : « Corneille est ici depuis trois jours : il ne fait plus rien... Je l'ai, autant que j'ai pu, réchauffé et encouragé à se venger en faisant quelque nouveau *Cid*. Mais il ne parle plus que de règles et que des choses qu'il eût pu répondre aux académiciens. »

Mars : édition de *Médée* et de *L'Illusion comique* (dédiées à Monsieur P. N. N. G. et à Mlle M. F. D. R., c'est-à-dire à personne. Pourquoi ? Mystère...).

Le 12 février son père est mort, le laissant chef de famille avec sa mère et deux mineurs : sa sœur Marthe (16 ans) qui ne se mariera qu'une dizaine d'années plus tard, et son frère Thomas (14 ans) qui est encore au collège. Au partage de la succession paternelle, la maison où il est né rue de la Pie et la propriété de campagne de Petit-Couronne sont comprises dans la part du fils aîné.

Juillet : commencement d'une série de graves désordres à Rouen et en Normandie : la « révolte des va-nu-pieds », émeutes de la misère contre le fisc. Les bourgeois se terrent ; le Parlement n'ose pas sévir. — Novembre : Richelieu envoie Étienne

nous voulons parler des procès intentés contre la Hierusalem et le Pastor Fido ; c'est à
dire contre les Chef d'oeuvres des deux plus
grands Hommes de dela les Monts, et il n'y
a personne qui ne sache que de mille questions
embarassées sur le Poème Epique et Dramatique la resolution n'ait esté trouvée par l'occasion de ces beaux differens. Maintenant
la France voit chés elle une Pièce dont le
destin s'est rencontré semblable a celuy de
ces deux fameux Ouvrages, sinon en excellence, au moins en eclat ; et en ce qu'elle s'est
veuë comme eux diversement agitée d'ap-
plaudissemens et de blasmes. Et certes quel
que puisse estre le Cid, de quelque petit
merite qu'on l'estime, il doit se tenir bienheureux d'avoir excité ces troubles et divi-
sé le Royaume en partis sur son sujet. Que
l'on l'examine et que l'on le condamne, on
ne luy scauroit oster l'avantage d'avoir fait
beaucoup de bruit, et d'avoir egalement atti-
ré sur luy les yeux de l'admiration et de la
Censure. On ne luy scauroit oster l'avantage d'avoir esté la celebre Pierre de scan-
dale que doivent remarquer desormais les
Poètes de Theatre afin de se regler par ses
beautes ou par ses imperfections en ce qu'ils
auront à suivre ou a éviter pour satisfaire

(apostille en marge :) L'applaudissement et le blasme du Cid n'est qu'entre les doctes et les ignorans, au lieu que les contestations sur les deux autres pièces ont esté entre les gens d'esprit.

Pellisson rapporte cette apostille du Cardinal.

La page 5 des *Sentiments de l'Académie sur le Cid* (première rédaction ; manuscrit auto-
graphe de Chapelain). Dans la marge, une apostille de Richelieu, écrite de la main de son
premier médecin, Citois : « *L'applaudissement et le blâme du Cid n'est qu'entre les doctes
et les ignorants, au lieu que les contestations sur les deux autres pièces ont été entre les gens
d'esprit.* » Document capital, car il constitue la seule preuve de la malveillance de Richelieu
à l'égard du *Cid* : toutes ses autres apostilles sont pour adoucir certains termes de Chapelain.

Pascal à Rouen comme intendant pour la levée des tailles. Fin décembre : 7.000 soldats commandés par le terrible Gassion entrent à Rouen, précédant l'arrivée du Chancelier Séguier.

Entre temps Corneille s'est ressaisi, et écrit *Horace* (contemporain de ces troubles) dont il fait une lecture, vers la fin de l'année sans doute, chez Boisrobert devant tout un aréopage (Chapelain, d'Aubignac, etc...), mais il refuse de tenir compte des critiques qu'ils lui font et de modifier la fin de sa pièce, craignant, avouera-t-il l'année suivante à Chapelain, « *qu'on ne lui donnât ces conseils que par envie et pour détruire ce qu'il avait bien fait* ».

1640 (34 ans). 2 janvier : Séguier fait son entrée à Rouen. Répression très dure ; le Parlement est dissous et ses membres exilés de la province. (Ils ne seront rétablis que l'année suivante.) Exécution sans jugement de cinq malheureux, meneurs présumés des émeutes. (Les supplices avaient lieu, à Rouen, place du Vieux Marché, à cent mètres de chez Corneille.)

9 mars : *Horace* a déjà été joué devant Richelieu et va l'être incessamment au théâtre (lettre de Chapelain à Balzac.) Avec succès ? L'Examen (1660) parle de la « *chute* » de cette pièce. Mais Racine (1685) : « ... les acclamations qu'excitèrent à leur naissance le *Cid*, *Horace* (etc.) »

Novembre : Corneille fait prier Balzac, qui prépare une édition de ses lettres, de supprimer dans l'une d'elles ayant trait à l'affaire du *Cid*, les mots : « les juges dont vous êtes convenus ». Décembre : Jacqueline Pascal (quinze ans) ayant obtenu un prix de poésie au Puy des Palinods de Rouen, Corneille improvise en séance un petit remerciement en vers au nom de la jeune muse absente.

1641 (35 ans). Janvier : impression d'*Horace* avec dédicace à Richelieu, où le poète se dit redevable au Cardinal son maître de « *tout ce qu'il a de talent et de réputation* ». Début de l'année : *Cinna*, et peu après : mariage ; pneumonie, faux bruit de sa mort ; pleuré en vers par Ménage. Il a 34 ans (Racine n'en aura que trois de plus quand il prendra femme, mais pour lui le mariage signifiera la retraite). Marie de Lampérière, fille du lieutenant particulier civil et criminel du bailli de Gisors au siège des Andelys, a onze ans de moins que son mari. Mariage d'amour, s'il faut croire Fontenelle ; même, dira-t-il, on racontait dans la famille que Richelieu était intervenu pour forcer le consentement du père.

Année de lune de miel ; production littéraire : néant.

1642 (36 ans). 10 janvier : baptême de son premier enfant, une fille : Marie. — Cette année-là son frère Antoine, qui était religieux aux Augustins du Mont aux Malades à Rouen, obtient une cure de campagne à Fréville.— Coup d'État en matière d'édition : Corneille fait établir à son propre nom et non à celui d'un libraire le Privilège de *Cinna* ; ainsi procédera-t-il désormais, faisant imprimer à ses frais à Rouen et revendant ses droits — avec bénéfice — à tel ou tel éditeur parisien. Le privilège de *Cinna* est du 1er août ; mais survient la conspiration de Cinq-Mars (exécuté avec de Thou le 12 septembre). La publication de *Cinna*, dans ces circonstances, parut-elle intempestive à Corneille ? Le moment était assurément peu indiqué (surtout pour un protégé de Richelieu) de publier un éloge de la clémence. La pièce ne sortit des presses que le 18 janvier 43, c'est-à-dire qu'elle ne fut livrée à l'impression qu'après la mort de Richelieu, survenue le 4 décembre. Elle était accompagnée de la fameuse dédicace au financier Montoron, explicable par le désir de compenser la perte de sa pension consécutive à la mort de Richelieu, de piquer peut-être d'émulation le nouveau ministre et, dans l'incertitude des dispositions de ce dernier, de neutraliser le caractère politique de sa pièce par le parrainage d'un personnage politiquement inexistant.

12 décembre : Claude Sarrau, conseiller au Parlement de Paris, fait une belle lettre en latin à Corneille pour lui dire qu'il ne peut guère se dispenser d'écrire quelque chose sur la « mort du grand Pan » (Richelieu). Dédaignant le qu'en-dira-t-on, Corneille, on le sait, s'en dispensera. — La même lettre nous apprend que vers ce moment il travaillait à *Polyeucte*.

1643 (37 ans). Premières de *Polyeucte*, avant le carême, et de *Pompée*, au commencement de l'hiver (dates les plus vraisemblables).

14 mai : mort de Louis XIII. La dédicace de *Polyeucte*, qui était destinée au Roi très-dévot, changera d'adresse et sera faite à sa veuve.

7 septembre : naissance d'un second enfant chez les Corneille, Pierre, l'aîné des garçons.

Polyeucte s'imprime en octobre. Vers ce moment Corneille sollicite, mais sans les obtenir, des lettres patentes qui, par une mesure exceptionnelle, auraient réservé à la troupe du Marais, pour un temps qu'il restait à fixer, l'exclusivité des représentations de *Cinna*, de *Polyeucte* et de *Pompée* : les deux premières étaient déjà publiées et la troisième, si la requête avait abouti, aurait pu paraître simultanément au théâtre et en librairie. Ainsi Corneille avait tenté de faire établir en sa faveur une exception au droit de l'époque qui permettait aux troupes rivales de s'emparer d'une pièce de théâtre dès qu'elle paraissait en librairie.

31 octobre : réclamation devant le Parlement de Rouen pour être exempté en sa qualité de noble d'une taxe municipale sur l'entrée des boissons.

Novembre : *Remerciement* en vers à Mazarin qui, reprenant le mécénat de Richelieu, vient de faire à Corneille une pension de cent pistoles (mille livres).

La prise de Perpignan, gravure de Valdor dans *Les Triomphes de Louis le Juste*, accompagnée de ce sizain de Corneille :

> *Illustre boulevard des frontières d'Espagne,*
> *Perpignan, sa plus belle et dernière campagne,*
> *Tout mourant, contre toi nous le voyons s'armer :*
> *Tout mourant, il te force et fait dire à l'envie*
> *Qu'un si grand conquérant n'eût jamais pu fermer*
> *Par un plus digne exploit une si belle vie.*

CORNEILLE

Corneille écrit *Le Menteur* ; son frère Thomas a dix-huit ans et fait son droit ; peut-être a-t-il fourni quelques traits du personnage de Dorante, l'étudiant en droit qui débarque de Poitiers.

1644 (38 ans). Hiver 43-44 : *Pompée* (décembre ?) et *Le Menteur* (janvier ou février ?) : « *On aura de la peine à croire que deux pièces d'un style si différent soient parties de la même main dans le même hiver.*» (Épître en tête du *Menteur*). — Février : publication de *Pompée* avec dédicace à l'Éminentissime Cardinal Mazarin (« *Tu regere imperio populos, Romane, memento* ») suivie du *Remerciement* de 43 réimprimé. — 12 août : premier échec à l'Académie française.

Octobre : publication du *Menteur*, qui vient sans doute d'être relayé depuis peu au théâtre par *La Suite du Menteur*.

Premier recueil collectif de son théâtre : *Œuvres de Corneille*, 1re *partie*, 1644, avec son portrait par Michel Lasne (les huit pièces antérieures au *Cid*). Il se résout malgré lui, dit-il, à laisser rééditer ces pièces qu'il eût mieux valu oublier ; du moins en a-t-il ôté « *ce qu'il y a de plus insupportable* ». Dès lors, et jusqu'à sa mort, il ne cessera de se corriger d'édition en édition.

1645 (39 ans). Hiver 44-45 : *Rodogune, princesse des Parthes.*
Septembre : impression de *La Suite du Menteur* précédée d'une longue *Épître* où l'auteur, tirant la leçon du succès de cette seconde comédie, peut-être trop morale, expose ses réflexions sur la moralité du théâtre : première apparition chez Corneille du style professeur. — Octobre : reçoit commande officielle de légendes en vers à mettre sous des gravures de Valdor illustrant les principaux faits d'armes de Louis XIII dans un somptueux recueil intitulé *Les Triomphes de Louis le Juste* (ne paraîtra qu'en 1649).

1646 (40 ans). Hiver 45-46 : *Théodore, vierge et martyre.* Échec, ou demi-échec : le premier de sa carrière. (Toutefois la pièce, par la suite, réussira assez bien en province.)

Octobre : *Théodore* (sans dédicace) paraît en librairie avec une préface très amère contre certains dévots (« *ceux que le scrupule, ou le caprice, ou le zèle rend opiniâtres ennemis* [du théâtre] *et que leur aveuglement volontaire prive du plus agréable et du plus utile des divertissements* »). Qui est visé ? M. Vincent à la Cour ? ou plutôt les Rouvillistes à Rouen ? Une grande offensive janséniste se développe en Normandie depuis trois ans ; Corneille assiste à ses progrès dans de nombreux foyers autour de lui (cette année-là, conversion des Pascal). — 21 novembre : second échec à l'Académie, qui lui préfère Du Ryer parce que résidant à Paris (procès-verbal de la séance). — 31 décembre : Thomas Corneille étant majeur, son frère lui rend ses comptes de tutelle.

C'est sans doute vers 1645 ou 46 que se situe la naissance du second fils de Corneille (mort en 1674), dont on ignore même le prénom (François ?).

1647 (41 ans). Janvier : première d'*Héraclius* et édition de *Rodogune* (dédicace au grand Condé, alors dans tout l'éclat de sa jeunesse (25 ans) et de ses victoires). — 22 janvier : réception de Corneille à l'Académie ; il a été élu au siège de Maynard, contre M. de Balesdens qui pourtant « avait l'honneur d'être à M. le Chancelier » (Séguier, Protecteur de l'Académie). Mais celui-ci avait bien voulu laisser l'Académie libre dans son choix. Corneille remercie Séguier — l'ancien bourreau de Rouen ! — par la dédicace amphigourique d'*Héraclius*, publié en juin.

Mazarin, qui avait fait représenter à grands frais à la Cour pour le Carnaval de 1647 un opéra italien, *Orphée,* commande à Corneille les paroles d'une pièce du même genre en français pour le Carnaval de 1648. Ce sera la « tragédie » d'*Andromède,* pour laquelle le poète reçoit d'avance 2.400 livres et le sieur Torelli, « gouverneur des machines », 12.000 livres. Mais le jeune roi ayant fait une grave maladie vers la fin de l'année, Monsieur Vincent réussit à « dégoûter la Reine de ces divertissements » et le spectacle ne sera pas monté pour le Carnaval de 48.

En 1647 (ou peut-être seulement en 49), Corneille junior débute au théâtre avec *Les Engagements du Hasard,* comédie imitée de l'espagnol probablement sur les conseils de son frère.

1648 (42 ans). Tome II des *Œuvres de Corneille (Le Cid* et les six pièces suivantes). L'avertissement montre un Corneille de plus en plus préoccupé des règles et de l'opinion des doctes ; les textes présentent quelques corrections, assez peu nombreuses ; mais la dédicace à Montoron, qui avait tant fait clabauder et qui était encore raillée cette année-là par Scarron, est sérieusement écourtée.

Août : commencement de la Fronde parlementaire (26 août : journée des Barricades). Octobre : les traités de Westphalie libérant une partie de nos forces, Condé et ses troupes vont être appelés au secours du gouvernement.

1649 (43 ans). 5 janvier : fuite de la Reine à Saint-Germain avec Mazarin et le jeune roi.

Printemps : « la guerre des Sonnets » divise Paris en Jobelins et Uraniens : Corneille (une épigramme et deux sonnets) refuse de se prononcer pour sa part et s'amuse de cette nouvelle « guerre civile » au milieu de la Fronde. — Détente de la situation politique au cours de l'été : retour du roi à Paris le 18 août. Les théâtres, fermés depuis le début des troubles, rouvrent ; nombreuses allusions politiques dans les tragédies de l'automne et de l'hiver.

1650 (44 ans). Janvier : le spectacle d'*Andromède* (musique de
d'Assoucy) est enfin présenté devant leurs Majestés et commence une brillante carrière. Quelques vers sur le mérite et
la grâce (acte V, sc. 2) nous rappellent que 1649 est l'année où
les cinq propositions sont dénoncées à la Sorbonne. — Vers
le même temps, peut-être même dès décembre 49, se joue *Don
Sanche d'Aragon, comédie hércīque* : accueil enthousiaste, bientôt arrêté net par « le refus d'un illustre suffrage » : très probablement Condé, qui, venant de se tourner contre la reine
et le cardinal (Fronde des Princes), dut refuser ses applaudissements à une pièce dans laquelle il est difficile de ne pas voir
une apologie de la reine et de son cher ministre.

Janvier : le duc de Longueville et sa jeune femme, sœur de
Condé, essaient de soulever la Normandie. — 19 janvier : arrestation des princes (Condé, Conti et Longueville). — Février :

LE DUC ET LA DUCHESSE DE LONGUEVILLE.

Mazarin se rend à Rouen avec le Roi, la Régente et toute la Cour pour intimider et apaiser les esprits. Tandis que la duchesse de Longueville est chassée de Dieppe et se voit contrainte de chercher refuge aux Pays-Bas, à Rouen épurations en série ; destitution notamment du procureur du Parlement et du procureur syndic des États de Normandie. Ce dernier, Baudry, bras droit de Longueville et principal meneur de l'opposition à Rouen, est remplacé (lettres royales du 12 février), « jusqu'à ce qu'il en soit autrement ordonné par S. M. », par Pierre Corneille « dont la fidélité et affection nous sont connues » — traduction : « un ennemi du peuple » (*Apologie pour Mgr le duc de Longueville*). — C'était une ascension considérable pour Corneille. Ses nouvelles fonctions n'étant pas compatibles avec celles d'avocat du roi, il vend ses deux charges de la Table de Marbre du Palais (18 mars). Toutefois son successeur ne sera installé que le 25 février 1651 et Corneille continua sans doute d'exercer à la Table de Marbre jusqu'à cette date. Comme procureur des États, il semble s'être acquitté parfaitement de ce que Mazarin attendait de lui, c'est-à-dire de n'y rien faire (le rôle de procureur des États ne pouvant être que d'opposition).

Mai : *Don Sanche* sort des presses, avec dédicace peu compromettante à un savant hollandais, Huyghens, en correspondance depuis quelque temps avec le poète : considérations purement littéraires sur comédie et tragédie, pas un mot de la « disgrâce » survenue à la pièce (il n'en parlera que dans l'édition de 1660), rien qui permette de deviner qu'on est en pleine Fronde.

5 juillet : Thomas épouse la belle-sœur de son frère : Marguerite de Lampérière. Les deux ménages vivront, on le sait, dans la plus étroite union ; et les œuvres des deux frères seront le plus souvent imprimées en même temps dans les mêmes caractères et sous le même Privilège. Naissance, cette année-là ou la suivante, d'un quatrième enfant chez les Pierre : Marguerite.

Mouvement d'opinion de plus en plus fort contre la captivité des princes. En novembre Mazarin les fait transférer de Vincennes au Havre. Cependant, Corneille écrit *Nicomède*, où tout le monde reconnaîtra Condé : l'avait-il voulu ? et s'était-il laissé ébranler dans son loyalisme gouvernemental par la popularité grandissante du « héros » prisonnier ?

1651 (45 ans). Février : Mazarin, cédant à la pression de l'opinion, relâche les princes : libérés le 13 ils sont à Paris le 16. — *Nicomède*, donné sur ces entrefaites, en reçoit un surcroît d'actualité : succès considérable.

13 mars : contrecoup de la politique d'apaisement : Baudry, rentré en grâce à la suite de Longueville, est rétabli dans sa charge et Corneille remercié, sans beaucoup de formes semble-

DE PAR LE ROY

Sa majesté ayant pour des considérations importantes à son service destitué par son ordonnance de ce jourd'huy le sieur Baudry de la charge de procureur des Estats de Normandie, et estant nécessaire de la remplir de quelque personne capable, et dont la fidélité et affection sont connues, sadite Majesté a fait choix du sieur de Corneille lequel sur l'advis de la Reyne Régente sa mère elle a commis et commet à ladite charge au lieu et place aud. Sᵗ Baudry pour doresnavant l'exercer et en faire les fonctions jusques à la tenue des Estats prochains et jusques à ce qu'il en soit autrement ordonné par sadᵉ Majesté, laquelle mande et ordonne à tous qu'il appartiendra de reconnoistre led. sieur de Corneille en ladᵉ qualité de procureur desdits Estats sans difficulté. Faict à Rouen le ✕ 5ᵉ jour de febvrier MDC cinquante. Signé Louis et plus bas de Lomenie.

t-il. Le voici privé d'emploi, ayant vendu ses charges de la Table de Marbre, et vendu à perte. Il a été la dupe du Cardinal et ne le lui pardonnera pas, non plus que le Cardinal, apparemment, ne lui pardonnera *Nicomède*. (D'ailleurs, à ce moment, Mazarin réfugié en Allemagne . n'est plus rien.) Coup très dur pour Corneille qui perd en même temps les revenus de sa charge et sa pension de poète. (Par la suite, son nom dans les actes officiels sera parfois suivi du titre d'*avocat à la cour de Rouen* ; mais exercera-t-il ?)

Ces loisirs forcés lui permettent de se charger cette année-là (Pâques 51 à Pâques 52) des comptes de sa paroisse (St-Sauveur) comme son père l'avait fait pour l'exercice 1622-23. Il demande aussi des consolations à de pieuses lectures et (peut-être sur les conseils et à l'exemple de son frère Antoine, curé de Fréville, auteur de *Poésies Chrétiennes et paraphrases sur les cantiques*, etc... Rouen 1647) se met à traduire en vers *L'Imitation de Jésus-Christ*.

Août : publication d'*Andromède*, avec une énigmatique dédicace, *A M. M. M. M.*, faite expressément pour intriguer le public : avait-il des raisons pour agir ainsi, ou, si c'est pure mystification, pourquoi cette singulière plaisanterie ? — En novembre s'impriment les vingt premiers chapitres de l'*Imitation*, publiés à titre d'essai, puis *Nicomède* (sans dédicace). La préface sonne comme un bulletin de victoire, mais s'efforce aussi de détourner le lecteur des applications qu'on avait faites de sa pièce : « *Mon principal but a été de peindre la politique des Romains au dehors...* » — sans qu'on puisse affirmer qu'au moment même où il semble ainsi répudier toute allusion à l'actualité, sa phrase n'est pas à double sens (Mazarin, un *Romain*, avait agi en maître en pays étranger).

Décembre : date probable de la première de *Pertharite*, tragédie d'un roi détrôné, inspirée sans doute par les événements d'Angleterre et par la récente odyssée du jeune Charles II s'efforçant de reconquérir son trône (en octobre, le malheureux prince, vaincu à Worcester, n'avait pu se sauver que déguisé en paysan et avait débarqué à Rouen dans un pitoyable équipage). Mais, en France même, Condé faisait alors figure d'usurpateur éventuel : une cabale des amis du prince expliquerait peut-être l'échec brutal et complet de *Pertharite* (échec particulièrement cruel pour Corneille, après la double perte de sa charge et de sa pension).

1652 (46 ans). Dès lors il consacre toute son activité littéraire à sa traduction de l'*Imitation*, encouragé par ses amis ecclésiastiques et par le nouvel archevêque de Rouen, un prélat lettré, Fr. de Harlay de Chanvallon (sacré en décembre 51), mais surtout par le succès considérable du premier volume. Tout à son œuvre édifiante, il semble se désintéresser de la suite de la Fronde (2 juillet : combat de la Porte Saint-Antoine à Paris). —

31 octobre : publication de la fin du livre I et du début du livre II de l'*Imitation* ; l'Avertissement annonce son intention d'aller jusqu'au bout, « *si Dieu lui donne vie* », mais sans s'astreindre à mener de façon suivie ce travail ingrat. — Il entretient alors une correspondance, qui durera plusieurs années, avec le R. P. Boulard, abbé coadjuteur de Sainte-Geneviève à Paris, sur la question fort controversée de l'attribution de l'*Imitation* à Thomas a Kempis. — Il décide de faire graver devant chaque chapitre quelque trait de la vie des saints et se documente avec une conscience méticuleuse auprès de ses amis ecclésiastiques pour trouver des sujets de gravures édifiants et les légendes correspondantes.

1652 (ou 53 ?), mort de sa mère et naissance d'un cinquième enfant, Charles. — Octobre : Condé, contraint de quitter Paris, se retire aux Pays-Bas espagnols ; la Régente et le jeune roi rentrent dans la capitale.

1653 (47 ans). Février : Mazarin revient à son tour, et donnera bientôt à son fidèle Fouquet la direction des finances. — Mars : publication (dans le Recueil de Sercy) de *La Poésie à la Peinture*, poème de Corneille écrit à l'occasion de la reconnaissance officielle de l'Académie de Peinture (fondée par Le Brun en 1648 ; enregistrement des lettres patentes en juin 52). Thème : déplorer que les poètes ne trouvent plus de mécènes (sauf un, et celui que l'allusion désigne en termes alors fort clairs n'est pas Mazarin, mais Longueville, protecteur de Chapelain et gouverneur de Normandie ; c'était un coup droit contre le cardinal). — Avril : édition de *Pertharite*, retardée jusqu'à cette date pour des raisons qu'on ignore. (Peut-être hésita-t-il longtemps à rappeler, en la publiant, le souvenir d'une pièce aussi malheureuse ; peut-être par fidélité à la couronne préféra-t-il ne pas rappeler l'attention sur cette aventure d'un roi dépossédé, aussi longtemps que la position du jeune roi demeurait menacée, et crut-il de son devoir d'attendre même plusieurs mois encore après le retour de celui-ci dans sa capitale et le rétablissement de l'ordre dans le royaume.) Il ne cherche point à pallier l'échec de cette pièce en l'attribuant à quelque cabale, mais s'incline devant « le jugement du public » et annonce son dessein de se retirer du théâtre, au moins provisoirement. — Juin : publication des deux premiers livres de l'*Imitation* (complets) « enrichis de figures de taille douce sur chaque chapitre ». — Corneille s'associe par un envoi poétique, à vrai dire assez mince, au recueil d'éloges publié en l'honneur de l'installation de Pomponne de Bellièvre, frondeur réconcilié, dans les fonctions de premier Président du Parlement de Paris. Était-ce une avance ? Elle ne semble pas, en tout cas, avoir porté fruit (voir ci-dessous, année 1657.)

1653. *L'Histoire de l'Académie* de Pélisson insinue, sans affirmer, la légende de Richelieu persécuteur du *Cid* et donne la première expression publique à la mauvaise humeur de Corneille contre son défunt maître, — sans que Corneille proteste (du moins sur ce chapitre-là).

1654 (48 ans). Publication du Livre III de l'*Imitation*, également avec tailles douces. Dès ce moment l'entreprise s'avère une excellente affaire commerciale, et elle le demeurera longtemps (multiples éditions jusqu'en 1670).

Au cours de l'été, séjour aux eaux de Bourbon, soit pour lui-même, soit pour sa femme, qui semble être devenue d'assez bonne heure valétudinaire.

1655 (49 ans). Naissance d'une troisième fille, leur sixième enfant, Madeleine. — A la prière de la Duchesse de Vendôme [1] (sur les instances de laquelle il avait déjà composé une noble épitaphe en latin pour le Père Goulu, supérieur des Feuillants), Corneille écrit un admirable sonnet sur la mort d'une Normande, la demoiselle Élisabeth Ranquet, décédée l'année précédente en odeur de sainteté (s'il en est bien l'auteur).

1656 (50 ans). Mort de son beau-père, Mathieu de Lampérière. Les deux filles et les deux gendres laisseront son héritage en indivision jusqu'après la mort de Pierre. Naissance d'un quatrième fils, le septième et dernier enfant : Thomas.

Janvier 56-janvier 57, *Les Provinciales* : « *J'ai été assez heureux pour conserver la paix en mon particulier avec les deux partis opposés sur la question de la grâce. Tous deux m'ont avoué que ma traduction* (de l'*Imitation*) *est fidèle, et veulent qu'elle tombe sous leur sens.* » (lettre du 10 juin au R. P. Boulard). — En mars est parue enfin, à la fois en édition de luxe et en édition courante, la traduction complète des quatre livres de l'*Imitation de J.-C.* « traduite et paraphrasée en vers français par P. Corneille », avec dédicace au pape Alexandre VII. L' « Au lecteur » annonce son intention de préparer une édition complète de son théâtre revu et corrigé, avec des « réflexions sur chaque poème, tirées de l'art poétique », pour aider « ceux qui se voudront exercer en ce genre de poésie ». (Première idée de ce qui sera les *Examens* de 1660 ; il ne semble pas penser encore aux trois *Discours*.)

Juillet : un ami de Paris qui vient le voir à Rouen le trouve occupé à travailler déjà à une tragédie à machines, *La Toison d'Or*, commandée par un seigneur normand, le marquis de Sourdéac, pour son château de Neubourg : le démon du théâtre l'a donc repris.

---

1. Son mari, César de Vendôme, était resté fidèle à Mazarin pendant la Fronde et avait même consenti au mariage de son fils avec l'une des nièces du Cardinal : Laure Mancini.

Décembre : énorme succès du *Timocrate* de son frère Thomas au théâtre du Marais : la pièce se jouera plusieurs mois. C'est la première tragédie de Thomas et la première fois depuis cinq ans que le mot « tragédie » reparaît sur une affiche parisienne, encore que *Timocrate* n'ait guère d'une véritable tragédie que le nom.

1657 (51 ans). Nouvelle tragédie de Thomas, et plus digne de ce nom : *La Mort de l'Empereur Commode.*

Avril : Gilles Boileau lui ayant demandé quelques vers pour un recueil d'hommages à la mémoire du Premier Président de Bellièvre qui vient de mourir, il s'excuse, disant qu'il n'a pas le talent de louer, et s'attire cette verte réponse : « Je vois ce que c'est, Monsieur, vous ne versez pas vos grâces tous les jours : elles sont chères et précieuses ». — L'abbé d'Aubignac publie, après des années de gestation, sa *Pratique du Théâtre :* d'énormes éloges à son adresse ne compenseront pas pour Corneille les quelques critiques qui s'y trouvent glissées. C'est sans doute alors, et pour répondre au traité de d'Aubignac, qu'il conçut le dessein d'un exposé complet de ses propres idées sur le théâtre, les trois futurs *Discours* de 1660 venant ainsi s'ajouter aux *Examens* déjà projetés.

Mort de son frère cadet Antoine, curé de Fréville, un saint et digne prêtre.

1658 (52 ans). L'or de Fouquet attire les frères Corneille dans l'orbite du nouveau Mécène : ils sont introduits par Pelisson, devenu l'homme de confiance du grand argentier. Une première gratification — substantielle — est immédiatement payée par les magnifiques *Vers présentés à Mgr le Procureur Général Fouquet surintendant des finances,* où le poète se déclare confus de sa longue retraite et prêt à rentrer en lice au premier signe de son nouveau maître, cependant que Thomas lui dédie sa *Mort de Commode* (publiée en janvier 59). — Désormais Corneille va se trouver, sans le savoir, profiter des malversations du ministre ; et son nom sera évoqué au cours du procès de Fouquet en 1662, où lecture sera faite d'un mémoire signé de la main du surintendant, prouvant que les 2.000 livres de pension versées par lui au poète étaient détournées (avec beaucoup d'autres) de la recette des douanes intérieures du royaume.

Entre temps (fin avril) est arrivée à Rouen la troupe de Molière. Marquise du Parc, retenue à Lyon par ses couches, ne rejoint qu'un peu plus tard ; la troupe restera à Rouen jusqu'en octobre. Corneille et son frère font assaut de poésies galantes à l'adresse de la belle « Marquise », et cette émulation semble indiquer que ce ne fut, pour l'un et l'autre, guère plus qu'un jeu littéraire. La même année d'ailleurs, ainsi que l'année suivante, Corneille gratifie mainte autre beauté (même une grande dame est du nombre) de galanteries versifiées tout aussi peu compromettantes, semble-t-il, pour la paix de son ménage. Si ce n'est pas le démon de la cinquantaine, c'est du moins la tentation de la vie mondaine (et l'on devine que le jeune frère, qui n'a que 33 ans, pousse le vieux). Adieu les années austères vouées à la poésie dévote : les belles Précieuses de Paris et de Rouen se communiquent avec ravissement les moindres bagatelles du grand poète qui, flatté de ses succès de salon, ne dédaigne point parfois d'écrire vers ce temps des puérilités à faire pâmer Cathos et Madelon. — Le correspondant littéraire des deux frères à Paris est alors l'abbé de Pure, l'auteur de *La Précieuse* (1656 à 1658), et les Corneille de lui adresser force compliments sur son livre, qui est le type achevé de tout ce que Molière ridiculisera l'année suivante. La tragédie d'*Œdipe*, commandée par Fouquet et choisie parmi trois sujets proposés par lui, est écrite dans un climat artificiel et bâclée en « deux mois » avant la fin de l'année.

1659 (53 ans). 24 janvier : première d'*Œdipe* à l'Hôtel de Bourgogne. Cette rentrée de Corneille attire un public considérable : c'est l'événement de la saison ; le Roi même, par une première libéralité, exprime sa satisfaction au poète ressuscité. — Fin mars : *Œdipe* paraît en librairie, précédé des *Vers à Fouquet* et d'un « Au lecteur » qui valent bien une dédicace. Mais ce sera la dernière : désormais Corneille s'estime trop grand écrivain pour dédier ses pièces. Il ne fait plus de dédicaces, il en reçoit : ainsi *Le Festin de Pierre*, du Sr de Villiers, acteur à l'Hôtel de Bourgogne (Amsterdam 1660).

7 novembre : paix des Pyrénées, qui ouvre la période de l'hégémonie française ; « le grand règne » va commencer. — 18 novembre : première des *Précieuses Ridicules*.

1660 (54 ans). Août : paraît chez Sercy le cinquième recueil de *Poésies choisies* de divers auteurs. Il contient 18 pièces galantes de Corneille ou de son frère, dont deux adressées en toutes lettres à Marquise. (Cette publication semble avoir mis fin pour toujours à la veine galante de Corneille.)

La France en fête prépare le mariage du Roi. 26 août : entrée solennelle à Paris du roi et de la nouvelle reine. Le divertissement de circonstance est commandé, non à Corneille, décidément en disgrâce auprès de Mazarin, mais à Quinault. N'importe : Corneille saura bien imposer le sien Il s'empresse de coudre à sa *Toison d'Or* un *Prologue* somptueux sur la paix et le mariage du Roi, — avec éloge de Mazarin, principal artisan de la victoire (on ne pouvait vraiment pas s'en dispenser), cependant que le Marquis de Sourdéac presse les derniers préparatifs de la machinerie à laquelle il travaille depuis deux ans. En novembre enfin la pièce est donnée en son château de Neubourg devant tout le gratin de Normandie, avec un luxe de décors jamais encore vu en France. Après quoi pièce, décors et machines sont livrés au théâtre du Marais, mais démontage et mise en place demanderont beaucoup de temps.

5 septembre : lettre de Racine à l'abbé Le Vasseur. Sa première pièce, *Amasie*, vient d'être refusée au Marais : « Pour moi, j'ai bien peur que les comédiens n'aiment à présent que le galimatias, pourvu qu'il vienne du grand auteur ». (Dépit d'un débutant de vingt ans, et qui a les dents longues, contre le grand écrivain « arrivé » qu'il accuse de vouloir occuper toute la place sans en laisser aux jeunes.)

25 août : lettre à l'abbé de Pure : « *Je suis à la fin d'un travail fort pénible sur une matière très délicate : j'ai traité en trois préfaces les principales questions de l'art poétique...* » — 31 octobre : Achevé d'imprimer du *Théâtre de Corneille revu et corrigé par l'auteur*, en trois volumes in-8º avec les trois *Discours* sur l'art dramatique, un en tête de chaque volume, et les *Examens* des pièces ; toutes les dédicaces ont disparu.

1661 (55 ans). 31 janvier : Achevé d'imprimer des *Desseins de la Toison d'Or*, c'est-à-dire du programme présentant le spectacle. Mi-février : première de *La Toison d'Or*. On n'avait jamais vu rien d'aussi magnifique ; la pièce tint plus d'un an. — 9 mars : mort de Mazarin. — Mai : impression de *La Toison d'Or* : l'éloge de Mazarin a disparu du *Prologue* ; dans l'*Argument*, aucune mention du Marquis de Sourdéac.

Février : paraît le *Grand Dictionnaire des Précieuses* de Somaize ; l'auteur dénonce dans *Œdipe* maint emprunt au vocabulaire des précieuses.

Avril : par la recommandation de Chapelain, Corneille fait entrer son second fils comme page chez la duchesse de Nemours.

5 septembre : arrestation de Fouquet, c'est-à-dire, pour Corneille, perte de la pension qu'il recevait depuis trois ans. Mais il s'est ménagé depuis longtemps un autre protecteur en la personne d'Henri II de Lorraine, duc de Guise, à qui le *Timocrate* de son frère était dédicacé dès 1658. — 13 septembre : Corneille marie sa fille aînée Marie à un gentilhomme de bonne noblesse normande, le chevalier Félix du Buat, seigneur de Boislecomte (moyennant une dot assez ronde et non sans résistance des parents, qui croyaient sans doute se mésallier).

3 novembre : lettre à de Pure : les deux premiers actes de *Sertorius* sont déjà livrés aux comédiens. « *Si le reste suit du même air, je ne crois pas avoir rien écrit de mieux.* »

1662 (56 ans). 18 février : Achevé d'imprimer des *Fâcheux* avec un Avertissement où Molière raille sans se gêner « le grand auteur », ses *Discours* et ses *Examens* : « Je ne désespère pas de faire voir un jour, en grand auteur, que je puis citer Aristote et Horace. »

25 février : première de *Sertorius* au Marais. Très admiré. Turenne : « Où donc Corneille a-t-il appris l'art de la guerre ? »

HENRI II, DUC DE GUISE (1614-1664)

A MONSEIGNEVR
LE DVC DE GVISE,

Sur la mort de MONSEIGNEVR son Oncle.

SONNET.

Roissez, ieune Heros, nostre douleur profonde
N'a que ce doux espoir qui la puisse affoiblir;
Croissez, & hastez-vous de faire voir au Monde
Que le plus noble sang peut encor s'ennoblir.

Croissez pour voir sous vous trembler la Terre & l'Onde,
Vn grand Prince vous laisse vn grand nom à remplir,
Et ce que se promit sa valeur sans seconde,
C'est par vous que le Ciel réserue à l'accomplir.

Vos Ayeux vous diront par d'illustres exemples
Comme il faut meriter des Sceptres, & des Temples,
Vous ne verrez que gloire, & que vertus en tous:

Sur des pas si fameux suiuez l'ordre celeste,
Et de tant de Heros qui reuiuent en vous,
Esgalez le dernier, vous passerez le reste.

CORNEILLE.

Avril : dans une lettre à de Pure Corneille parle de son prochain déménagement. — Octobre : les deux frères et leurs familles quittent Rouen pour habiter Paris. Ce fut le plus grand événement de leur paisible existence. Pierre laissait en Normandie deux filles : Marie (20 ans), mariée l'année précédente, et Marguerite (environ 12 ans), pensionnaire et bientôt novice chez les Dominicaines de Cauchoise à Rouen. Son fils aîné (19 ans) va entrer à Paris à l'Académie militaire, son cadet (16 ou 17 ans) est chez la duchesse de Nemours, et il a encore à la maison trois petits : Charles (9 ou 10 ans), Madeleine (7 ans) et Thomas (6 ans) qui sont à peu près contemporains des trois enfants de son frère Thomas. A Paris le duc de Guise lui donne un logement dans son hôtel comme à « son homme de lettres » : ce Guise, ancien conspirateur et vrai héros de roman, était grand amateur de comédiennes ; protecteur du Marais, il savait y faire entrer les débutantes qui lui plaisaient. Mais si Corneille est au duc de Guise, il est cependant trop « grand auteur » pour lui dédier une seule des pièces qu'il publie étant chez lui.

26 décembre : première de *L'École des Femmes*, où Thomas Corneille est drapé à son tour (le bourgeois qui se fait appeler « Monsieur de l'Isle », c'est lui, Corneille de l'Isle).

1663 (57 ans) Mi-janvier : *Sophonisbe* à l'Hôtel de Bourgogne, à propos de laquelle éclate presque aussitôt la fameuse bataille littéraire dont l'abbé d'Aubignac est le protagoniste. L'abbé s'était senti provoqué par la dernière phrase du dernier des trois *Discours* de 1660 et piqué encore en 1662 de quelques railleries de Corneille sur le *Manlius* de Mlle Desjardins où lui-même avait mis la main. Cette querelle de *Sophonisbe* forme avec celle de *L'École des Femmes* le grand événement littéraire de l'année, les deux querelles se superposant d'ailleurs partiellement, car Corneille, attaqué par d'Aubignac, n'est pas épargné par Molière, qui depuis 1659 mène une lutte sourde mais tenace contre les frères Corneille. Cette double querelle de 1663 atteste d'ailleurs la puissance de Corneille à cette époque dans le monde des lettres et du théâtre : il tient trop de place et régente trop de choses. Aussi, tandis que Molière et d'Aubignac font chacun cavalier seul et ne trouvent guère d'alliés pour se compromettre avec eux, Corneille se contente de faire combattre ses troupes, se tenant lui-même hors de la bataille, dans laquelle il n'intervient sous son nom que pour y jeter au mois d'avril sa cinglante préface de *Sophonisbe*. Quelle différence avec la querelle du *Cid* où Corneille était presque seul !

La suprématie littéraire de Corneille est encore attestée cette même année par la monumentale édition de son *Théâtre* complet en deux volumes *in folio*, format réservé aux grands

33

anciens, aux Virgile, aux Tacite : nul autre écrivain du XVIIe siècle n'aura pareille consécration de son vivant.

1663 est aussi l'année où s'instaure le mécénat royal. Désormais le Roi pensionne lui-même écrivains et artistes, ceux du moins qu'on estime pouvoir être enrôlés efficacement au service de la propagande officielle. La liste a été arrêtée par Colbert sur propositions faites par Chapelain : Corneille, un des plus richement traités, recevra 2.000 livres par an et fera de son mieux pour les bien mériter. Ici commence une nouvelle étape de sa carrière : l'enthousiasme du vieux poète pour le jeune Roi. « *Commande et j'entreprends, ordonne et j'exécute* » (*Remerciement présenté au roi en l'année* 1663 — fort beau, mais bien solennel si on le compare à celui de Molière leste, enjoué, presque familier).

1664 (58 ans). Il achète à son fils aîné un brevet d'officier de cavalerie. — 2 juin : mort du duc de Guise. Corneille s'acquitte envers sa mémoire par un beau sonnet adressé au nouveau duc, neveu du défunt. (On ne sait à quel moment Corneille et sa famille quittèrent l'hôtel de Guise.)

Juin : *La Thébaïde*, première tragédie de Racine, jouée sans grand éclat à l'Hôtel de Bourgogne. — 3 août : *Othon* (que, d'après Tallemant, Corneille avait déjà lu par tout Paris) est joué devant la Cour à Fontainebleau par les acteurs de l'Hôtel de Bourgogne, puis le 5 novembre seulement sur leur théâtre. Corneille avait glissé dans sa pièce un bel éloge du gouvernement personnel du prince et même quelques vers pour excuser les amours du roi : « Il n'a pris ce sujet que pour faire continuer les gratifications du roi à son endroit » (Tallemant).

A la fin de l'année, enregistrement, à la Cour des Aides de Normandie, d'un édit du mois d'août portant révocation de *toutes* les lettres de noblesse expédiées depuis le 1er janvier 1630 (les usurpations de noblesse étaient nombreuses, au grand détriment du trésor : immunité fiscale). Plusieurs édits antérieurs ayant été inopérants, Colbert eut recours à cette solution radicale, et Corneille, qui se retrouve ainsi roturier, écrit un sonnet au Roi pour demander qu'une exception soit faite en sa faveur. Il obtiendra satisfaction par certificat royal du 24-11-65 (confirmé par lettres patentes de mai 1669 enregistrées en 1670 par la Cour des Aides de Paris et par celle de Normandie).

1665 (59 ans). Nouvelle édition de l'*Imitation*, la première depuis l'affaire de Rome de 1662, où le Roi avait reçu un outrage en la personne de son ambassadeur : la dédicace au pape Alexandre VII (toujours vivant) a disparu.

Février : édition d'*Othon* : « *Si mes amis ne me trompent, cette pièce égale ou passe les meilleures des miennes* ». Qui pouvait prévoir que ce bulletin de victoire allait être le dernier ? (car

Pulchérie...). L'hégémonie littéraire de Corneille était encore incontestée : des envieux, mais pas un rival.

Août : publication des *Louanges de la Ste Vierge composées en rimes latines par St Bonaventure* (l'avant-propos est moins affirmatif) *et mises en français par P. Corneille*. Il les a écrites, dit-il, en expiation d'une gloire trop mondaine : « *Ce n'est pas sans beaucoup de confusion que je me sens un esprit si fécond pour les choses de ce monde et si stérile pour celles de Dieu* » (Au lecteur). — Novembre : confirmation de sa noblesse (cf. supra). — Décembre : première apparition d'une puissance rivale : l'*Alexandre* de Racine remporte un franc succès le 4 chez Molière et à partir du 18 à l'Hôtel de Bourgogne. Les Cornéliens s'alarment ; Racine : « Je n'ai pu m'empêcher de concevoir quelque opinion de ma tragédie, quand j'ai vu la peine que se sont donnée de certaines gens pour la décrier. On ne fait point tant de brigue contre un ouvrage qu'on n'estime pas. Cependant j'ai eu le plaisir de voir plus de six fois de suite à ma pièce le visage de ces censeurs. » (Préface d'*Alexandre*, janvier 66). Et bientôt circule dans Paris une lettre de Saint-Évremond tendant à prouver que le même sujet traité par Corneille aurait eu une autre grandeur.

Aux environs de Noël les Corneille ont la douleur de perdre leur fils Charles, âgé de 12 ou 13 ans, en qui le poète espérait voir revivre son génie, s'il faut en croire la consolation en vers latins qu'un jeune Père jésuite, Charles de la Rue, alors professeur au collège de Clermont où sans doute le petit Charles faisait ses études, adresse au grand écrivain sur le thème : « Par si durasset » (Son égal, s'il avait vécu).

1666 (60 ans). 20 janvier : la mort de la Reine-mère décapite le parti dévot : bientôt, dissolution de la Compagnie du Saint-Sacrement ; l'amour et les plaisirs vont pouvoir triompher à la Cour. Mais l'*Agésilas* de Corneille, tragédie galante, — ou plutôt opérette sans musique, — qui aurait pu répondre si bien à cet esprit nouveau, vient un peu trop tôt : le 28 février (Hôtel de Bourgogne). La Cour était encore en deuil, et la Ville n'était guère capable d'applaudir la première à une pièce d'un type aussi inhabituel. La préface est du mois d'avril ; Corneille y reconnaît implicitement l'échec, sans amertume, et conclut, beau joueur : « *Chacun peut hasarder à ses périls* ». Pour effacer cet échec, il cherche aussitôt un sujet où ses qualités de force puissent s'affirmer, et écrit *Attila*.

1667 (61 ans). Brouillé avec Racine, Molière s'était rapproché de Corneille et, pour se venger de l'Hôtel de Bourgogne qui lui avait pris Racine, il ne fut pas fâché, sans doute, de lui prendre le grand Corneille. Cependant c'est le 4 mars seulement — après quelles transactions ? — qu'*Attila*, prêt pour le début de l'hiver, est joué par la troupe de Molière, qui paya la pièce 2.000 livres. Le succès n'est qu'honorable ; *Andromaque*, en novembre, sera un triomphe.

Fin mai commence la première guerre de Louis XIV, qui envahit la Flandre et prend en personne les villes de Tournai (juin), Douai (juillet) et Lille (août). Les deux fils de Corneille sont de la campagne ; le cadet, blessé au siège de Douai, est évacué sur Paris, où on le soigne chez ses parents (ici l'épisode bien connu de la contravention dressée au poète au poète pour la paille tombée du brancard devant sa porte). — Fin août : retour du roi à Paris. Corneille, tout réchauffé d'un mot aimable que le roi lui a dit sur ses deux garçons, adresse aussitôt *Au Roi sur son retour de Flandre* un poème où il ne parle que de lui-même qui vieillit et de ses fils dont il est si fier ; première apparition de ces accents mélancoliques qui vont se multiplier sous sa plume : « *A force de vieillir un auteur perd son rang* ». Le peu de succès d'*Attila*, pièce sur laquelle il avait beaucoup misé, l'a plus atteint que l'échec d'*Agésilas* : il ne se sent plus accordé au goût du jour. Pourtant nul n'ose encore attaquer en face le talent du grand Corneille : la fameuse épigramme de Boileau, « Après Agésilas, hélas ! etc... » ne sera connue qu'à la fin du siècle et rien ne prouve même qu'elle date de l'année d'*Attila*.

Novembre : édition d'*Attila*. A l'acte II, sc. 5, le grand portrait d'apparat de Mérovée (Louis XIV) s'est enrichi d'un développement sur sa brillante conduite au feu (campagne de Flandre) : « *Je l'ai vu, tout couvert de poudre et de fumée*, etc... » La préface est le dernier acte de souveraineté de Corneille : « *On m'a pressé de répondre ici par occasion aux invectives qu'on a publiées depuis quelque temps contre la comédie* ». Il n'avait pourtant pas pris la peine de répondre aux *Visionnaires de Nicole*, quand celui-ci traitait Desmarets [1] d' « empoisonneur public » (1665) ; Racine seul avait pris la mouche. Mais viennent de paraître en décembre 66 le traité posthume du prince de Conti sur les spectacles et, au début de 67, un *Traité de la Comédie* de Nicole, qui l'un et l'autre, pour montrer que le théâtre, même le plus moral, est contraire à l'esprit chrétien, faisaient l'honneur à Corneille de centrer sur lui leurs attaques. Négligeant Conti (d'ailleurs mort), Corneille riposte par un mot terrible contre les Jansénistes, rebelles au roi et à l'Église : ennemis publics, et maintenant les siens, il n'a plus à les ménager.

17 novembre : cette préface était encore chez l'imprimeur, quand *Andromaque* paraît à l'Hôtel de Bourgogne ; quel fut

---

1. Corneille en voulait un peu à Desmarets d'avoir publié (en 1654) une traduction en vers de l'*Imitation* (complète) pour concurrencer la sienne encore inachevée.

le succès de la pièce et l'effet sur Corneille, on en peut juger par l'arrêt de sa production dramatique pendant trois ans : il semble même avoir pensé alors à se retirer définitivement du théâtre.

Décembre : un second poème sur la campagne de Flandre (*Les Victoires du Roi en* 1667), longue pièce d'apparat présentée comme la simple traduction d'un poème latin auquel elle est jointe. Les vers latins sont du P. de la Rue que Corneille a pris en affection depuis la mort de son fils et qu'il veut lancer (« *On me saura gré d'avoir déterré ce trésor, qui sans moi serait demeuré sous la poussière d'un collège* »). Et de s'afficher publiquement comme ami des jésuites « *qui ont élevé ma jeunesse et celle de mes enfants* ».

1668 (62 ans). Janvier : nouvelle profession d'attachement à la Société de Jésus : en tête de la *Théologie des Saints* du P. Delidel, une ode du poète à son vieux maître du collège de Rouen, sur le thème : grâce et libre arbitre.

Dédicace d'un exemplaire de sa grande édition in-folio *aux Pères de la Société de Jésus.*

Février : campagne-éclair en Franche-Comté ; vers-éclairs de Corneille pour célébrer l'événement, accompagnés de leur traduction en latin par lui-même et par quelques bons latinistes avec lesquels il ne craint point de se mesurer.

Avril : sa fille Marguerite prononce ses vœux aux Dominicaines réformées de Rouen. Corneille y assiste et signe un acte de donation en faveur du couvent, par lequel nous savons qu'il habitait alors à Paris rue des Deux-Portes (paroisse Saint-Sauveur, comme à Rouen), à proximité des théâtres du Marais et de l'Hôtel de Bourgogne.

Fin juin paraît la *Dissertation* de Saint-Évremont sur l'*Alexandre* de Racine : Corneille remercie avec effusion son fidèle admirateur londonien et affecte de traiter par le mépris les « *vains trophées qu'on établit sur les débris imaginaires des siens* ». (Il n'y avait pourtant rien dont il pût s'offenser dans la préface d'*Andromaque*, et l'allusion à *Attila* dans la satire IX de Boileau (1668) ne pouvait guère s'entendre qu'en un sens élogieux.)

Depuis la paix d'Aix-la-Chapelle (mai) Corneille n'a plus à craindre pour ses fils, mais son gendre Boislecomte trouve une mort héroïque (16 décembre) sous les murs de Candie au cours de la croisade conduite par La Feuillade en Crète pour délivrer les Vénitiens assiégés par les Turcs. — Il se peut que les Corneille aient alors recueilli chez eux sa veuve et leur petit-fils Gilles.

1669 (63 ans). L'humaniste J. de Santeul ayant composé en distiques latins une *Défense des fables dans la poésie*, Corneille la traduit en alexandrins et se range ainsi, dans la querelle du merveilleux païen, du côté des anciens contre Desmarets, comme bientôt Boileau dans l'*Art Poétique* (qui reprendra jusqu'aux expressions mêmes de Corneille).

25 octobre : *Imprimatur* du Vicaire Général de l'Archevêché de Paris pour l'*Office de la Vierge traduit en français, tant en vers qu'en prose, par P. Corneille avec les sept psaumes pénitentiaux, les vêpres et complies du dimanche et tous les hymnes du Bréviaire Romain* : plus de 4.000 vers (sans parler de la traduction en prose), travail de plusieurs années. L'ouvrage paraîtra en janvier suivant avec dédicace à la Reine (était-il, au moment où le public l'abandonne, poussé par une mystérieuse sympathie vers cette pauvre abandonnée ?). A la différence de l'*Imitation*, si souvent réimprimée, l'*Office* n'aura aucune réédition : même sur ce terrain-là le succès se retire.

13 décembre : première de *Britannicus*, à laquelle Corneille assiste, dit Boursault, « seul dans une loge ».

1670 (64 ans). Premier trimestre : préface de *Britannicus*. « Je n'aurais point parlé de cette objection, si elle n'avait été faite avec chaleur par un homme qui... » C'est la déclaration de guerre ouverte au « vieux poète malintentionné », accusé en propres termes de « venir briguer des voix contre lui jusqu'aux heures où l'on représente ses comédies ». Et c'est, à la fin de l'année, la bataille des deux *Bérénice* : rencontre fortuite ou voulue ? et voulue par qui ? Le mystère n'en sera probablement jamais élucidé. (Une seule chose paraît certaine : c'est que les deux poètes y font à l'envi leur cour au roi.) 16 novembre : Corneille lit *Tite et Bérénice* chez Monsieur ; le 21, première de la *Bérénice* de Racine à l'Hôtel de Bourgogne ; le 28, première de *Tite et Bérénice* de Corneille par la troupe de Molière : le duel tourne très vite à l'avantage de Racine et de l'Hôtel.

Mi-décembre : Molière, pris de court pour achever *Psyché*, charge Corneille d'en écrire le reste, soit quatre actes moins deux scènes, travail dont le vieux poète s'acquitte en quinze jours. Le rôle de Psyché sera tenu par Armande Molière, qui tenait alors celui de sa Bérénice ; et son vieil admirateur écrit pour elle, dans le duo de l'Amour et de Psyché, les vers d'amour les plus jeunes qu'il ait faits, les plus jeunes même de toute la poésie du siècle.

31 décembre : le Privilège de *Tite et Bérénice* mentionne une mystérieuse traduction des deux premiers chants de la *Thébaïde* de Stace par Corneille : Ménage en citera trois vers en 1672 dans ses *Observations sur la langue française*, mais on n'en a retrouvé aucun exemplaire, si tant est qu'ils aient été imprimés.

1671 (65 ans). 16 janvier : première représentation de la tragédie-ballet de *Psyché*, devant le Roi, dans la grande salle « des machines » des Tuileries (et à partir du 24 juillet seulement au théâtre du Palais-Royal).

La course de vitesse entre les deux *Bérénice* se continue en librairie : celle de Racine sort des presses le 24 janvier avec une préface triomphante où Racine, pour narguer son rival, souligne que « la trentième représentation de sa pièce a été aussi suivie que la première » (celle de Corneille n'en était alors qu'à la quinzième). Dix jours plus tard paraît *Tite et Bérénice*, sans un seul mot au lecteur, cas unique dans l'œuvre de Corneille : rien que le texte latin, sans commentaire, d'un abrégé de Dion Cassius, tendant manifestement à prouver aux doctes que sa tragédie suit l'histoire de plus près que celle de Racine.

C'est l'année du roman manqué de la Grande Mademoiselle avec Lauzun : leur mariage sera annoncé le 15 décembre et rompu quatre jours après par ordre du Roi. Corneille, qui écrit alors *Pulchérie*, dont l'héroïne est une vieille fille amoureuse, pensait-il aux amours de Mademoiselle ? Et pensait-il à lui-même en écrivant le rôle de Martian, vieillard amoureux ?

1672 (66 ans). Janvier : Donneau de Visé, tout dévoué aux Corneille depuis la bataille littéraire de 1663, fonde le *Mercure galant* qui sera désormais la grande forteresse du parti cornélien. Le premier numéro (9 janvier) ironise sur les faux Turcs de *Bajazet* (représenté le 5). La pièce sera éditée en février avec une préface fort courte et très calme de ton : Racine, considérant qu'il a vaincu Corneille, ne daigne pas répondre à ses domestiques du *Mercure*.

15 janvier : Corneille fait une lecture de *Pulchérie* chez le duc de La Rochefoucauld. — 9 mars : Mme de Sévigné parle d'une autre lecture de la pièce chez le Cardinal de Retz. — 16 mars : nouvelle lettre de Mme de Sévigné, très dure pour Racine, enthousiaste pour Corneille : « Despréaux en dit encore plus que moi ». — La victoire de Racine était donc encore loin d'être reconnue par tous, et Boileau même, à cette date, n'est pas de son parti. Mais les poètes estiment plus rentable de faire du Racine que du Corneille : le frère même de Corneille passe à l'école de son rival et donne en mars *Ariane*, qui est une tragédie racinienne. Les comédiens ne veulent plus que cela et le grand Corneille subit l'affront de ne point trouver de troupe qui consente à monter *Pulchérie*. La pièce était destinée au Palais-Royal comme les précédentes : « L'auteur a fait ce poème pour la merveilleuse Psyché ou Mademoiselle Molière », dira, non sans dessein, dans le compte rendu de la première, le chroniqueur Robinet, ami de Corneille : Molière avait refusé la pièce. L'Hôtel de Bourgogne la refusa également. Le *Mercure* du mois d'août annonce enfin parmi les pièces prévues pour l'hiver suivant au théâtre du Marais, alors bien déchu, la *Pulchérie* de Corneille.

Mai : Louis XIV envahit la Hollande. 12 juin : le fameux passage du Rhin au gué de Tolhuys. Vers le début de la campagne, publication en tirage à part in-4° d'une traduction latine par Santeuil de huit vers tirés de *Tite et Bérénice*, dont déjà tout le monde avait pu faire l'application à Louis XIV, comparé « dans la paix [à] un lion endormi ». — 2 août : *Vers présentés au Roi à son retour de la guerre de Hollande* (en latin et en français, latin en tête) *par Pierre Corneille : Sur le rétablissement de la foi catholique chez les Hollandais,* — simple hors-d'œuvre en attendant la vaste composition épique publiée quelques mois après : *Les victoires du Roi sur les États de Hollande en l'année* 1672, 445 alexandrins traduits d'un poème latin du P. de la Rue ; les deux versions forment deux magnifiques in-folio semblables, illustrés d'admirables gravures de Chauveau. (Probablement antérieur à l'Épître IV de Boileau *Au Roi,* qui célèbre également le passage du Rhin.)

Cette année-là Thomas, le plus jeune des enfants du poète,

atteint seize ans. Son père sollicite pour lui un « bénéfice » ; le Roi promet de s'en occuper.

25 novembre : *Pulchérie* est — enfin — jouée au théâtre du Marais et, bien que « *reléguée dans un lieu où l'on ne voulait plus se souvenir qu'il y eût un théâtre* », réussit assez au moins pour contenter Corneille, que trois échecs successifs avaient probablement rendu moins exigeant.

1673 (67 ans). 12 janvier : réception de Racine à l'Académie Française. Vers la même date, première de *Mithridate* à l'Hôtel, tandis que *Pulchérie* tient toujours l'affiche au Marais. (Racine s'est offert le luxe de faire une tragédie plus cornélienne que ne le sont maintenant celles de Corneille et d'autre part d'opposer au Martian de *Pulchérie* un vieillard amoureux moins chevaleresque.) — 20 janvier : achevé d'imprimer de *Pulchérie*. La préface montre l'auteur ulcéré qui tient enfin sa victoire : « *Bien que les principaux caractères de cette pièce soient contre le goût du temps, elle n'a pas laissé de peupler le désert, de mettre en crédit des acteurs dont on ne connaissait pas le mérite et de faire voir qu'on n'a pas toujours besoin de s'assujettir aux entêtements du siècle pour se faire écouter sur la scène* ». — 17 février : Mort de Molière.

1er juillet : prise de Maëstricht : force vers, dont un sonnet de Corneille.

17 août : la fille aînée du poète épouse en secondes noces Jacques de Farcy, trésorier de France à Argentan. Le père, la mère, l'oncle et la tante se rendent en Normandie pour le mariage. Le nouveau ménage aura quatre filles, dont l'une sera l'aïeule de Charlotte Corday.

1674 (68 ans). Louis XIV, qui depuis la fin de 73 doit faire face à une coalition, a demandé un secours d'argent au corps des merciers de la ville de Paris. En mai les merciers, à qui le Roi a remboursé les 50.000 livres prêtées, plus 2.000 écus pour « décorer leur chapelle, faire dire messes et boire à sa santé », commandent à Santeuil des vers latins en l'honneur du roi, pour la traduction desquels Corneille (s'était-il mis de lui-même sur les rangs ?) n'est préféré que de justesse à l'obscur Du Périer appuyé par Santeuil : peut-être coûtait-il plus cher (?)

10 juillet : publication de *L'Art Poétique* de Boileau. Le finale du dernier chant invite tous les poètes à célébrer Louis XIV ; quatre seulement ont l'honneur d'être nommés à cette place : Corneille (en tête), Racine, Benserade et Segrais. Corneille fut-il très content de son lot ? (« Que Corneille pour lui *rallumant* son audace *Soit encor* le Corneille et du Cid et d'Horace »). Mais l'intention blessante de Boileau n'est nullement prouvée : ce ne serait pas sa première gaffe.

18 août : grande première de l'*Iphigénie* de Racine, dans une mise en scène éblouissante, au cours des fêtes de Versailles.

Septembre : les troupes françaises ont évacué la Hollande en laissant en arrière-garde une garnison à Grave. Le second fils de Corneille, lieutenant au régiment de cavalerie de Carcado, est tué dans la défense de cette place le 29 septembre.

Novembre : le succès de *Pulchérie* a rouvert à Corneille pour sa nouvelle pièce les portes de l'Hôtel de Bourgogne : c'est *Suréna, général des Parthes*. (Il avait d'abord pensé à un héros chinois : Usangué.) « La pièce fait du bruit, écrit Bayle, mais pas eu égard au nom de l'auteur ». L'*Iphigénie* de Racine semble bien avoir été jouée sur la même scène dès avant la fin de 74. En chassa-t-elle *Suréna* ? ou alterna-t-elle quelque temps avec lui ? On l'ignore.

1675 (69 ans). 2 janvier : achevé d'imprimer de *Suréna* (dont les représentations ont probablement déjà cessé). La pièce est précédée d'un laconique billet de six lignes, où l'auteur, sans aucune allusion à l'accueil rencontré par sa pièce, fait le lecteur juge ; aucune amertume *explicite*, rien non plus qui indique, comme dans la préface de *Pertharite*, le dessein de quitter désormais le théâtre ; et rien ne permet de penser en effet qu'il ait eu dès cette date l'intention de n'y plus revenir. 1er janvier : Mme de Thiange, sœur de Mme de Montespan, offre à son neveu le duc du Maine pour ses étrennes un jouet, « la chambre du Sublime », présentant sous forme de petites figurines de cire tous les grands écrivains vivants : Corneille a été oublié.

5 janvier : la victoire de Turenne à Turckheim termine glorieusement la campagne d'Alsace en forçant les Impériaux à repasser le Rhin. Silence (inexpliqué) du poète officiel. Peut-être ne daigne-t-il chanter que les campagnes dirigées personnellement par le Roi (?). — Juin : sur la liste, en retard d'un an, des pensions pour 1674, Corneille est oublié. — 27 juillet : Turenne est tué par un boulet ; Corneille se tait toujours. Cependant le roi semble curieux de revoir les vieilles pièces de Corneille : quatre d'entre elles sont jouées cet été-là à Fontainebleau, contre deux de Racine et deux de Molière.

13 septembre : Corneille et Racine signent côte à côte au contrat de mariage de l'acteur Baron (Corneille le premier).

1676 (70 ans). Racine réédite ses pièces en supprimant de ses préfaces tous les passages offensants pour Corneille.

16 avril : le Roi part de Saint-Germain pour aller commander l'armée de Flandre ; Corneille revient à la poésie officielle et adresse au Roi la traduction d'une ode latine composée à cette occasion par le P. Lucas S. J. — 8 juillet : retour du Roi. Corneille aussitôt : *Vers présentés au Roi sur sa campagne de 1676*. — Vers le même temps placet (en vers) au Roi pour lui rappeler « *qu'il m'a depuis quatre ans promis un bénéfice* », placet que Corneille laissera publier dans le *Mercure* reparu en 1677. —

A l'automne le roi derechef, fait représenter devant lui du Corneille, six pièces cette fois (*Cinna, Pompée, Horace, Sertorius, Œdipe* et *Rodogune*). Les vers par lesquels Corneille le remercie sont un émouvant témoignage du vieil artiste, qui entend ne point abdiquer aussi longtemps qu'il vivra, et du père, anxieux de voir pourvu son dernier fils.

1677 (71 ans). 1ᵉʳ janvier : première de *Phèdre*, suivie deux jours plus tard de *Phèdre et Hippolyte* de Pradon. Aucun indice que Corneille ait pris part à la cabale de *Phèdre* : Pradon était de Rouen, mais ne semble pas avoir été de ses protégés (comme l'était par exemple Boursault, autre Rouennais). L'épître de Boileau à Racine, *Sur l'utilité des ennemis*, qui réunit dans une commune admiration les noms de Corneille, de Racine et de Molière, désignés ainsi pour la première fois côte à côte comme les trois grands du siècle, ne fut publiée qu'en 1683, à un moment où Corneille avait l'esprit trop affaibli pour que rien pût l'atteindre. Boileau craignait-il donc d'offenser Corneille en lui donnant de tels égaux et en parlant de lui — à 71 ans — comme d'un homme fini ? Cela prouverait quel respect imposait encore le vieux Corneille.

Un homme fini ? En mai il adresse à Louis XIV, à l'occasion de sa campagne de printemps, de fort beaux vers : *Sur les victoires du Roi en l'année* 1677. Il rêve même d'écrire encore pour le théâtre : « Corneille est de nouveau à la mode et l'on reprend ses plus vieilles comédies [= pièces] l'une après l'autre. Le pauvre Corneille en est si aise qu'il m'a assuré vouloir avant sa fin composer une jolie comédie. » (Lettre de la Palatine, seconde femme de Monsieur, le 29 novembre).

1678 (72 ans). Sa pension n'a toujours pas été rétablie. Lettre à Colbert : « *Dans le malheur qui m'accable depuis quatre ans de n'avoir plus de part aux gratifications dont Sa Majesté honore les gens de lettres...* »

Août-septembre : paix de Nimègue. — 31 octobre : à l'Académie française, à la séance où Racine reçoit l'abbé Colbert, Corneille lit à ses confrères son poème *Au Roi sur la paix de* 1678, dans lequel, en sage Mentor, il félicite surtout Louis XIV (« *M'en désavoueras-tu grand Roi, si je le dis ?* ») de sa modération dans la victoire et de la liberté rendue aux Hollandais.

10 décembre : le capitaine Pierre Corneille, gentilhomme ordinaire, en garnison à Thionville, y épouse la veuve d'un riche commerçant.

1679 (73 ans). Une discussion s'étant élevée sur le français et le latin à l'occasion d'une inscription pour l'arsenal de Brest, Santeuil, auteur de l'inscription latine, répond à un adversaire partisan du français et qui s'était réclamé de Corneille, qu'il l'invoque bien à tort, Corneille tenant pour le latin, et qu'il ne fallait pas pour si peu « réveiller le grand Corneille qui dort dans le sein de la gloire ». Il ne dormait pas tellement qu'il n'ait pris la peine de traduire, ainsi que plusieurs autres poètes, l'inscription de Santeuil, et sa traduction écrase toutes les autres.

1680 (74 ans). Le bénéfice sollicité depuis sept ans pour son fils vient enfin : Thomas devient abbé d'Aiguevive et se trouve ainsi pourvu d'une bonne rente en Touraine.

7 mars : mariage du Dauphin. *Le Mercure Galant* du même mois : « M. de Corneille l'aîné, qui a toujours marqué son zèle à Sa Majesté par les ouvrages que nous avons vus de lui par ses diverses campagnes, a été le premier qui ait écrit sur le mariage de Monseigneur. Il alla présenter ses vers au Roi et à ce jeune prince, sitôt que le mariage fut déclaré. » Ce sont, autant qu'on sache, les derniers vers de Corneille.

1681 (75 ans). 5 octobre : lettre de La Monnoye à un de ses amis : « Corneille se meurt ». Il se remet cependant de cette première alerte, mais ses facultés sont désormais bien affaiblies. Il est soigné par sa fille Madeleine, qui a renoncé à une vocation religieuse ardente pour se consacrer à la garde de ses vieux parents.

1682 (76 ans). La dernière édition de son théâtre revue par lui porte cependant la date de 1682. — Sa pension (2.000 livres) est rétablie après sept ans d'interruption, et il a la joie d'assister à une triomphale reprise d'*Andromède*.

1683 (77 ans). 21 août : dernière apparition du vieillard à l'Académie, dont il avait été dans les dernières années de sa vie un des membres les plus assidus. Il ne sortira plus désormais. — 4 novembre : on lui fait signer à son domicile l'acte de vente de sa maison de Rouen, — en vue d'un arrangement de famille simplement [1] : car la misère des dernières années de Corneille est une légende, et il venait cette année-là même de voir, à la suite d'un procès engagé contre un débiteur, sa fortune immobilière s'accroître d'une propriété assez importante.

1684 (78 ans). 2 octobre : registre de la paroisse Saint-Roch à Paris : « Me Pierre Corneille écuyer, ci-devant avocat général à la Table de Marbre de Rouen, âgé d'environ soixante-dix-huit ans, décédé hier rue d'Argenteuil [2] en cette paroisse a

---

1. Pour amortir la pension garantie sur cet immeuble, qu'il payait pour sa fille Marguerite aux Dominicaines de Rouen, et dégager ainsi de cette charge ses autres héritiers.
2. Cette rue a disparu lorsque fut percée l'avenue de l'Opéra.

Portrait possible de Thomas Corneille, abbé d'Aiguevive.

été inhumé en l'église [1] en présence de Me Thomas Corneille écuyer Sr de l'Isle demeurant rue du Clos-Gergeau en cette paroisse et de Me Michel Bicheur prêtre de cette église ». — 24 octobre : l'Académie fait célébrer selon l'usage, aux frais du directeur en exercice (l'abbé de Lavau), un service funèbre pour l'âme du confrère décédé. — Dans le *Mercure Galant* d'octobre, notice nécrologique sur Corneille, probablement par son frère Thomas.

1685. 2 janvier : le nouveau directeur de l'Académie, qui est Racine, recevant Thomas Corneille au fauteuil de son frère, prononce un admirable éloge du grand Corneille. — Dans les *Nouvelles de la République des Lettres* de janvier, éloge de P. Corneille par son neveu Fontenelle.

Depuis la mort, et même depuis la maladie de son frère, Thomas Corneille a pratiquement cessé d'écrire pour le théâtre. Il s'est associé avec de Visé au *Mercure Galant* depuis 1680 environ, et se consacrera désormais surtout à des travaux d'érudition.

1694. Mort de Mme Pierre Corneille aux Andelys dans la maison de famille des Lampérière, où elle s'était retirée avec sa fille Madeleine peu après son veuvage.

1708. Thomas Corneille, veuf et aveugle, ayant enfin terminé son grand *Dictionnaire Universel géographique et historique*, se retire à son tour aux Andelys pour y mourir l'année suivante.

1710. Après avoir soigné son vieil oncle comme elle avait soigné ses parents, Madeleine Corneille, âgée de 55 ans, se retire comme pensionnaire chez les Bénédictines du St-Sacrement à Rouen. Elle y prendra le voile en 1718 sous le nom de Sœur Marie-Madeleine de la Croix, Angélique de la Miséricorde, et, dernière survivante des enfants du grand poète, s'endormira pieusement à l'âge de 83 ans (1738).

---

1. On avait d'abord écrit : au cimetière (lapsus qui s'explique par la rareté des sépultures dans l'église ; elles étaient réservées aux personnages d'une certaine importance).

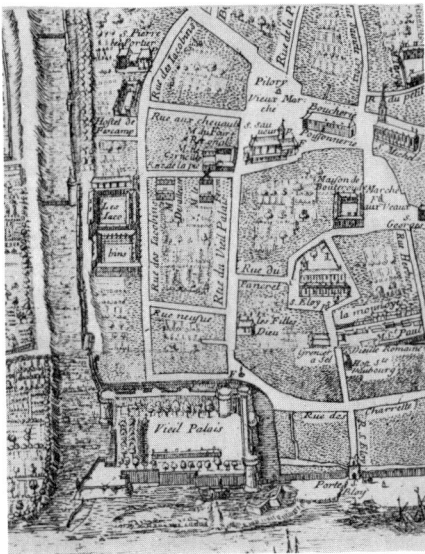

QUEL HOMME en définitive était Corneille ? Que savons-nous de lui ? A la fois beaucoup de choses et fort peu. Plus de choses que sur aucun des autres grands écrivains du même siècle, mais pas un seul de ces faits qui dénudent un homme, qui révèlent la vie intime de son foyer ou laissent lire au plus secret de son cœur et de ses pensées, — tels qu'en contient la biographie d'un Pascal ou d'un Molière ou d'un Racine. De Corneille le personnage social est parfaitement connu, la personne assez mal. De là aussi tant d'incertitude et de désaccords sur le sens de son œuvre.

Un « Musée Corneille » a été installé dans la maison de la rue de la Pie à Rouen, où le poète vécut depuis sa naissance jusqu'à son départ pour Paris à l'âge de 56 ans. Cette maison même est l'image de ce que l'on connaît sur Corneille : il n'en subsiste que les murs (encore la façade sur la rue a-t-elle été refaite tant bien que mal dans son état ancien d'après un dessin de 1820 environ). Au dedans, tout, jusqu'aux cheminées, n'est qu'une adroite *reconstitution* de ce que pouvait être un intérieur bourgeois au XVIIe siècle ; pas un objet sur lequel se soit posé le regard ou la main du grand poète, rien qui puisse nous dire ce qu'était réellement le visage intérieur de cette maison.

47

Nous savons que Corneille possédait pignon sur rue, et dans quelle rue, et qu'il devait pour s'y rendre, en revenant du Palais où il exerçait son métier, traverser cette place du Vieux Marché où les Anglais brûlèrent la Pucelle chantée par Chapelain. Mais pensa-t-il jamais à Jeanne d'Arc ? Et à quoi pensait-il ? A la pièce qu'il écrivait ou qu'il allait écrire ? A ses démêlés avec ses libraires ou ses acteurs ? A l'affaire qu'il venait de juger à la Table de Marbre du Palais ? A quelque rente ou fermage en retard ? Tournait-il dans sa tête les termes d'une Épître à l'un des grands de ce monde dont il importait de se ménager les faveurs ? Ou, si l'un de ses enfants était au lit avec la fièvre, pressait-il le pas pour savoir comment allait le petit ? Était-il bouleversé de pitié par la rencontre d'un malheureux, et le spectacle de la misère traversait-il comme un fer de lance ce cœur chrétien ? Pensait-il à cette damnée politique, aux troubles du royaume, aux cabales contre le ministre ? et croyait-il comme dans ses pièces que le pouvoir a toujours raison ? Rêvait-il aux caresses du lit conjugal ? ou peut-être à d'autres caresses, et à d'autres femmes ? Suivait-il parfois du regard la course des nuages chassés par le vent d'Ouest ? S'arrêtait-il pour aspirer l'air du large et les âcres senteurs du port ? Quand la peste dévastait Rouen, et il arriva plus d'une fois, tremblait-il de peur pour lui et pour les siens ? ou s'était-il armé par avance d'une dure et stoïque résignation ? Ou, tout à son travail, n'y pensait-il même pas ? Oui, que pensait Corneille en présence de la mort ? Que pensa-t-il devant le cadavre de son père, puis de sa mère, puis de son enfant ? Et pensait-il à Dieu ? Y pensait-il en dehors des heures marquées pour l'office et pour la prière ? Dieu était-il pour lui une réalité intégrée à sa vie ou seulement une pensée du dimanche ?

Et de sa famille, que savons-nous ? On connaît les dates de naissance et de décès d'à peu près tous ses proches : père, mère, frères et sœurs, femme, enfants ; on peut même suivre, dans certains cas, les tractations, contestations, démarches ou sollicitations que demanda leur établissement ; et pour l'une des filles, religieuse aux Dominicaines de Rouen, on connaît le chiffre de la dot versée à ce couvent. Mais tout cela se réduit à la sécheresse de renseignements d'état civil ou d'actes notariés.

*L'église Saint-Sauveur (démolie en 1795) telle
qu'elle se présentait au débouché de la rue de la Pie.*

Qu'étaient-ils, ces êtres dont la vie fut de si près mêlée
à la sienne ? Tous ne sont pour nous que des noms — à
l'exception de son frère Thomas.

Pierre et Thomas Corneille... Il faudrait oser dire une
bonne fois de quel prix fut sans doute payée cette amitié
des deux frères, dont les pieux biographes parlent toujours avec des trémolos dans la voix. Je ne voudrais pas
rendre l'excellent Thomas responsable de tout ce qui se
mêla de mauvais, à partir d'une certaine époque, dans
presque toutes les pièces du grand Corneille (qu'on ne
retrouve tout à fait lui-même que dans les deux dernières),
mais c'est une curieuse coïncidence, que le soufflé, l'em-
phase, le romanesque, les intrigues de mélodrame et la
froide galanterie apparaissent dans son œuvre vers le temps
où le cadet arrive à l'âge d'homme et commence à se mêler
d'écrire.

Peu ou point de témoignages sur Thomas ; mais on entrevoit assez bien, à travers sa prodigieuse et facile fécondité, une sorte de Sacha Guitry du XVIIe siècle, esprit vif et superficiel, bon cœur et beaucoup d'entregent, adroit à se glisser dans le sillage de l'aîné, adroit à prendre le vent et à exploiter la mode, adroit à se faire des amis et surtout à créer autour de son frère, dans le monde des salons et dans le monde des lettres, tout un parti fanatiquement dévoué à la cause du grand homme. Débrouillard et mondain pour deux, Thomas avait toutes les qualités qui manquaient à Pierre ; il fut son factotum littéraire et le grand chef de son service de presse, ayant su un des premiers pressentir la puissance du journalisme et mettre la main, en la personne de Donneau de Visé, sur un auxiliaire incomparable. Par de Visé, mais aussi par Loret, Robinet, Boursault et autres gazetiers, il tenait toute la presse, et toute la presse était au service de Corneille.

Voilà le pour. Voici le contre : en mettant une telle puissance entre les mains de son frère, il dressa contre lui la jalousie des autres grands. Corneille eut pour lui les folliculaires, la vermine du Parnasse, et contre lui Molière d'abord, Racine ensuite : il est permis de se demander si, sans le zèle maladroit de Thomas, Corneille aurait connu une fin de carrière si difficile. Molière du moins, tout disposé d'avance à traiter avec respect le grand poète, n'aurait pas aboyé aux chausses des frères Corneille, si tout le mouvement que se donnait le « Sr de l'Isle » ne lui avait tapé sur les nerfs.

Il y a pis : en imposant à son frère ses amis et ses relations, le petit Corneille l'entoura d'une cour d'admirateurs imbéciles, plats écrivains comme l'abbé de Pure et précieuses plus ou moins ridicules. Sa réputation en a souffert : « Dis-moi qui tu hantes... » Toute cette clientèle, autour de lui, imposait à ses ennemis (pensons à Racine) une vision déformée de Corneille, et les jugements injustes de Racine, bien qu'il les ait lui-même retirés par la suite, se sont par Voltaire et par toute une tradition universitaire perpétués jusqu'à nous.

Mais son talent même en souffrit, et c'est bien le plus grave. Le Corneille des années 58 à 70 environ n'est plus tout à fait Corneille : il a encore des parties admirables, mais un certain sens de la grandeur s'est perdu, une sorte de pureté et de générosité du talent, qui constituait le climat cornélien authentique. Déjà les tragédies de la quarantaine marquaient un recul certain par rapport à celles de la trentaine ; maintenant, non seulement il n'est plus capable de refaire des tragédies d'une noblesse comparable à celle du *Cid*, d'*Horace*, de *Cinna* ou de *Polyeucte* : il n'est même plus capable de comprendre ce qui en faisait la grandeur, comme le montre l'affligeante lecture des *Examens* et des *Discours* de 1660. C'est le pire moment de sa carrière : à la remorque de Thomas, il ne voit que par l'abbé de Pure, leur correspondant parisien, il se laisse tourner la tête par les belles dames de Rouen ou de Paris, il met son génie et ses hommages au pied de jolies actrices, il vend sa plume au richissime surintendant Fouquet, sans trop s'inquiéter d'où vient l'argent, et confectionne en hâte pour lui cette affreuse tragédie de commande, *Œdipe*, où il essaie d'attraper le bel air de Paris. Paris l'aura bientôt tout entier : car Thomas saura décider son frère à quitter Rouen, et l'on verra le grand Corneille domestique du duc de Guise. « Le vers se sent toujours... » comme dit Boileau. « Bassesses du cœur » serait bien trop dur pour Thomas ; disons seulement qu'il eût sans doute mieux valu, pour Corneille, ne point vivre avec ce frère dans une aussi étroite union de cœur et de pensée.

Corneille avait onze ans de plus que sa femme, vingt ans de plus que son frère, quinze ans de plus que sa belle-sœur. Et toute une nichée d'enfants : trois chez Thomas, et, chez lui, les quatre plus jeunes des siens. Il devait, « dans cette maison menée à l'ancienne mode, faire un peu figure de patriarche » (G. Couton). On l'imagine, au fond, très seul au milieu de cette pleine maisonnée : peu causeur, vivant surtout avec son œuvre et portant lourdement le poids de ses responsabilités familiales.

Songeons que la plupart de ses pièces, sauf les toutes dernières, furent écrites au milieu des piaillements, des pleurs, des rires ou des jeux des enfants : et il n'y a pas un enfant dans tout son théâtre ! Il en avait toujours eu autour de lui : ses jeunes frères et sœurs d'abord (Thomas avait deux ou trois ans à l'époque de ses débuts), puis ses propres enfants (sept, échelonnés sur quatorze ans), sans compter ceux de son frère. L'année de *Sertorius* et du départ de Rouen (1662), le dernier n'a encore que six ans, et à peine atteindra-t-il ses douze ans que la relève sera faite par un petit-fils, Gilles de Boislecomte, — quand la fille aînée, Marie, devenue veuve, se retirera chez lui avec son enfant (quoique ceci ne soit pas rigoureusement certain).

Il fut bon père, soucieux de « caser » ses enfants, de leur laisser du bien et, grâce à la noblesse qu'il leur avait acquise, de les placer socialement plus haut que lui. Mais fut-il un père tendre ou distant ? Facile ou sévère ? Il nous manque, pour le savoir, de posséder l'équivalent des lettres de Racine à son fils. Lui donnèrent-ils de grandes satisfactions ? On est frappé du retour singulier dans ses trois dernières tragédies (écrites entre 64 et 68 ans) d'un thème jamais encore entendu sur la scène : des enfants ? à quoi bon ?

Pour revivre en des fils, nous n'en mourrons pas moins.
(Tite et Bérénice.)
Qu'ai-je affaire de race à me déshonorer ? (Pulchérie.)

Que tout meure avec moi, Madame : que m'importe
Qui foule après ma mort la terre qui me porte ? (Suréna.)

De tels accents ne sauraient guère être de la littérature. Quelles déceptions, quelles blessures qu'on ignore avait-il essuyées dans son amour paternel pour exhaler une telle amertume ? Il était pourtant très fier de ses deux fils soldats, quand, s'adressant au roi, quelques années plus tôt, il en parlait en ces termes (1667) :

Mais j'ai d'autres moi-même à servir en ma place :
Deux fils dans ton armée, et dont l'unique emploi
Est d'y porter du sang à répandre pour toi.
Tous deux ils tâcheront, dans l'ardeur de te plaire,
D'aller plus loin pour toi que le nom de leur père.

On ne sait rien du caractère de ces deux fils. Le plus jeune des deux venait de mourir quand son père donna

PIERRE CORNEILLE, NÉ A ROVEN EN L'ANNÉE M.V.I.C. & LA C.ᵉ

Le père, à l'apogée de sa carrière.

Suréna. L'autre, le brillant capitaine des chevau-légers du Roi, devait, quatre ans plus tard, se renfoncer par son mariage dans la roture. Quant au troisième, l'abbé d'Aiguevive, il passa une partie de sa vie à plaider : ce fut, semble-t-il, le plus clair de son génie. Il n'est jamais très confortable d'être le fils d'un grand homme. Pour les talents de l'esprit, le seul qui semblait devoir tenir à cet égard quelque chose de son père, était mort à 13 ans.

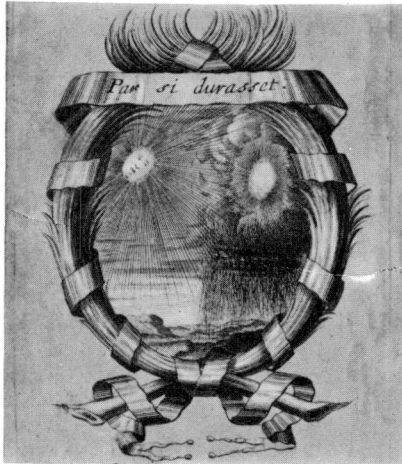

« Par si durasset » *Frontispice de la* Consolatio *du Père de la Rue* ad clarissimum virum Petrum Cornelium in obitu Caroli filii.

Une fille mariée ; une fille religieuse... Restait la plus jeune, Madeleine. De celle-ci, grâce au registre mortuaire du couvent où elle devait finir ses jours, il est possible d'entrevoir, au moins en profil perdu, une pure figure de vierge vouée tout entière à Dieu et à ses vieux parents : unique et mince raie de lumière dans l'ombre opaque où demeure plongée pour nous la vie intime du grand poète. Mais, ne serait-ce qu'à cause de cette Madeleine, on s'explique mal l'espèce de malédiction lancée dans ses dernières pièces contre tout ce qui s'appelle progéniture. Hypocondrie de vieillard ? — A moins que ce profil perdu ne soit menteur et que la sainte fille n'ait été en réalité une méchante bête, une dévote aigre et maniaque, tyrannisant ses vieux parents sous prétexte de les soigner ?...

Le fils aîné en capitaine des chevau-légers du Roi.

Il vaut mieux renoncer à percer ces ténèbres. On ne saura jamais ce que furent pour lui ses parents, sa femme, ses enfants, ni si les drames de famille, grands ou petits, sombres ou plaisants, dont foisonne son théâtre, doivent quelque chose à son expérience personnelle de la vie familiale : il a pu aussi bien les observer chez d'autres.

Même remarque pour le chapitre de l'amour. Sous des dehors qui furent toujours (semble-t-il) parfaitement dignes, cacha-t-il quelques incartades ? Fontenelle ne le connut que dans sa vieillesse, et d'ailleurs il eût gardé sans doute un pieux silence. Même si quelque grande passion avait traversé cette existence apparemment paisible, nous ne le saurions pas. Inversement, faut-il croire Fontenelle sur parole, lorsqu'il écrit, quelque trente ou quarante ans après la mort de son oncle : « Il s'est dépeint avec bien de la force dans Martian (*Pulchérie*), qui est un vieillard amoureux » ? Comment le savait-il ? Corneille s'en était-il vanté en famille ? Invraisemblable. C'était donc de notoriété publique ? On l'aurait su par d'autres... Fontenelle aura simplement pensé, comme beaucoup de critiques après lui, que des accents si vrais ne pouvaient être qu'une confession indirecte. Un écrivain ne saurait donc peindre avec force que ce qu'il éprouve lui-même ? C'est nier la création dramatique — ou romanesque — qui consiste à donner la vie à des êtres différents de soi. Il y avait déjà des vieillards amoureux dans les pièces de la jeunesse de Corneille ; si ceux de sa vieillesse sont plus émouvants, la vieillesse suffit à l'expliquer, sans que l'hypothèse d'une grande passion soit nécessaire. Qu'il ait senti son vieux cœur s'émouvoir un instant à la vue d'une jeune femme (cf. *Psyché*), cela suffit : la poésie pouvait faire le reste. D'ailleurs : Sertorius à 56 ans, Martian à 66 ans, — il faudrait supposer deux grandes flambées à dix ans d'intervalle. C'est possible, après tout... Le plus sûr est ici de répondre en Normand et de dire, parodiant un vers d'*Héraclius* : « Il a pu s'enflammer et ne s'enflammer pas ».

Mais Marquise (la Du Parc) ? Il faudrait être certain que les *Stances* toujours citées, « *Marquise, si mon visage A quelques traits un peu vieux* » sont les vers d'un amoureux. Pour notre part, nous ne voyons là rien de plus qu'une gronderie — un peu sévère — à l'adresse d'une jolie fille, mais bien mal élevée (ce n'était qu'une enfant de la balle, après tout), qui sans doute avait accueilli les civilités un peu cérémonieuses et démodées du « grand poète » en lui pouffant de rire au nez et en moquant ses cheveux gris ; et le « grand poète », un Monsieur très digne, en avait été froissé. A peine rentré chez lui, il avait griffonné ces vers, retrouvant pour tancer la donzelle les paroles mêmes de Don Diègue : « *Vous êtes aujourd'hui ce qu'autrefois je fus* » et la même plume orgueilleuse dont il avait jadis, au temps du *Cid*, chatouillé les narines du sieur Mairet dans le fameux rondeau : « *Qu'il fasse mieux ce jeune jouvencel* ». Il ne faisait pas bon lui manquer de respect.

Reste, il est vrai, l'autre pièce — moins connue — *Sur le départ de la Marquise de B. A. T.* Cette pièce, certainement postérieure à la première s'il s'agit toujours de la Du Parc (car elle se rapporterait au moment où Molière et sa troupe repartirent de Rouen), montre que la belle fille avait fait sa paix avec le « grand poète » et s'était même amusée à lui faire quelques agaceries (à lui, et à son frère, et à beaucoup d'autres...). Le poète visiblement s'était prêté à ce jeu, dont ils n'étaient dupes ni l'un ni l'autre. Qui voudrait voir dans ces vers — du reste fort jolis — la preuve d'une passion véritable, ne saurait guère ce que c'est qu'aimer. D'ailleurs, en ce temps-là, quand on aimait pour de bon, on ne le disait point en vers, — à moins d'être très jeune et très naïf, comme Corneille lorsqu'à dix-huit ou dix-neuf ans sa première maîtresse « le fit devenir poète aussitôt qu'amoureux » (*Excuse à Ariste*). Hors de tels cas, tous les vers d'amour du XVIIe siècle ne sont que jeu de société, et écrits pour la galerie. L'on ne pouvait moins faire lorsqu'on adressait des vers à une femme, fût-elle un parfait laideron, que de jurer qu'on se mourait d'amour pour elle : cela n'engageait pas plus que le « très humble serviteur » qui était alors d'obligation à la fin d'une lettre. Un dernier mot : Mme Corneille eût-elle accepté de voir son époux s'adresser de la sorte à des demoiselles de théâtre (car tout cela fut imprimé), si elle n'avait su, comme tout le monde, que cela ne signifiait rien du tout ? Concluons qu'il y a peut-être eu dans la vie de Corneille des amours, mais que nous les ignorons et qu'assurément il ne s'agit ni de Marquise ni d'aucune des Iris ou des Philis à qui il adressa des vers.

Rappelons ici qu'il n'y eut dans sa longue carrière que deux courtes périodes de poésie galante : celle de dix-huit à vingt-cinq ans (*Mélanges poétiques de 1632*) et celle de cinquante à cinquante-trois ans (cinquième recueil des *Poésies choisies* de Sercy, 1660), correspondant à deux périodes de vie mondaine et relativement dissipée — ce qui ne veut pas nécessairement dire amoureuse.

Rappelons enfin que ce qu'il appelait, ce que tout le monde alors appelait *faire l'amour*, c'était uniquement parler d'amour, tenir des propos galants à une belle et la flatter en termes délicats. Corneille s'avoue peu propre à ce genre d'exercice :

> *En matière d'amour, je suis fort inégal :*
> *J'en écris assez bien et le fais assez mal ;*
> *J'ai la plume féconde et la bouche stérile,*
> *Bon galant au théâtre et fort mauvais en ville ;*
> *Et l'on peut rarement m'écouter sans ennui*
> *Que quand je me produis par la bouche d'autrui.*

Cette petite confidence nous remet fort à propos sur le bon chemin, car nous nous égarions. A quoi bon chercher à deviner ce que fut la vie sentimentale de Corneille, ses affections, ses amours ? Sa vie fut une chose, son théâtre en est une autre : « Bon galant au théâtre et fort mauvais en ville », il a pu pareillement être mauvais père au théâtre et très bon père chez lui ou inversement ; et de même quant au reste.

Mais il n'est pas sans intérêt de savoir que Corneille n'était pas beau parleur auprès des dames. Nous l'aurions su par d'autres : « Une grande princesse qui avait désiré le voir et l'entretenir, disait qu'il ne fallait point l'écouter ailleurs qu'à l'Hôtel de Bourgogne. » (Vigneul-Marville, *Mélanges d'Histoire et de Littérature*, 1699). Mais que lui-même ne fît pas difficulté de l'avouer — on dirait presque qu'il s'en vante — cela aussi mérite d'être noté. Nous tenons là deux traits de son caractère qui ne sont certainement pas indifférents. Peut-être vont-ils nous permettre de faire, de proche en proche, le tour de sa personnalité.

A l'égard des belles, donc, les phrases n'étaient pas son fort : c'est aussi qu'elles ne font pas son affaire. Il lui faut en amour de plus solides réalités. Molière même ne s'exprimera pas sur ce chapitre avec une franchise plus crue :

Le plus grand amour sans faveur
Pour un homme de mon humeur
Est un assez triste partage...
Je suis de ces amants grossiers (etc...).

On trouvera dans notre seconde partie plusieurs échantillons de ce style. Le thème en soi était assez banal (qu'il suffise de rappeler le fameux sonnet d'Oronte). Mais chez Corneille, avec son rude et franc langage, banalité et mièvrerie ont disparu. La plupart des poésies galantes de Corneille dont nous parlions à l'instant, se sauvent par là : au lieu d'offrir humblement ses services, il les refuse. On pourrait presque toutes les résumer ainsi : « Vous êtes assurément cent fois digne d'être aimée, Madame, mais comme je sais fort bien qu'avec vous je perdrais mon temps, bonsoir ! » Nous avions tort de dire qu'elles n'engageaient à rien : elles expriment le refus formel de s'engager. On comprend que Mme Corneille ne s'en soit pas offusquée : même un peu gaillardes, ces rebuffades ne devaient pas lui déplaire.

Saine réaction de bourgeois qui gardait les pieds sur la terre au milieu des déliquescences précieuses, dans lesquelles, nous l'avons dit, il ne dédaignait pas cependant de donner quelquefois par complaisance à la mode. Mais le bon sens reprenait vite ses droits. Le cher abbé de Pure, tout excellent ami qu'il lui fût devenu, et presque son oracle, n'était pas toujours épargné ; Thomas Corneille, qui servait parfois de secrétaire à son frère, remerciant l'auteur de *La Précieuse* de la quatrième partie de son roman, lui lance de la part du grand poète quelques pavés de l'ours du genre de ceux-ci : « Il avoue qu'il n'en connaît pas tout le fin... Mais il trouve tant de liberté d'esprit dans la manière agréable dont vous traitez vos idées les plus mystérieuses, etc... »

Esprit positif et bon sens bourgeois : le même bon sens qu'on lui connaît dans la conduite de ses affaires. Il choisissait pour ses capitaux des placements sûrs, de bonnes rentes bien « constituées », fuyant en sage père de famille les opérations à gros bénéfices. Car, dès ce temps-là, le monde du théâtre avait plus d'un contact avec celui des finances et de l'administration : on voit par exemple Quinault et l'acteur Floridor obtenir ensemble le privilège d'un service de messageries entre Paris et Cahors ; mais on ne voit pas que Corneille, pourtant très intime avec Floridor, se soit laissé tenter par des entreprises de ce genre. Fontenelle parle de « l'aversion » de son oncle pour les affaires : « les plus légères, dit-il, lui causaient de l'effroi et de la terreur ». Mais lorsqu'il ajoute que « rien n'était égal à son incapacité pour les affaires », assurément il se trompe : Corneille n'avait pas toujours été ce vieillard un peu diminué dont son neveu nous a surtout transmis l'image. Jamais poète au contraire, Voltaire excepté, ne se doubla d'un homme d'affaires aussi averti ; le sens paysan de la valeur des sous, la méfiance et la finasserie normandes (et bourgeoises) et vingt ans de pratique judiciaire en faisaient un homme difficile à surprendre. Qu'il s'agît de marier sa fille, ou de débattre le prix de ses pièces avec les acteurs, ou de tirer le maximum de la vente de ses livres, Corneille sut toujours se défendre. — Quant aux pensions, d'où qu'elles vinssent, que ce fût Richelieu, Mazarin, Fouquet ou Louis XIV qu'il fallût encenser pour cela — ou Montoron — c'était toujours de bon et brave argent : après tout, il s'agissait chaque fois d'un ou deux millions d'aujourd'hui ; cela valait la peine de se baisser. Surtout avec sept enfants à caser. Aussi vécut-il toujours au-dessous de ses revenus (qui, totalisés, étaient confortables : quatre ou cinq millions). Il ne se départit guère du train modeste qui avait été celui de ses parents, afin de permettre à l'aînée de ses filles de devenir Mme du Buat de Boislecomte puis Mme de Farcy, à la seconde d'entrer en religion pourvue d'une dot digne d'une fille de qualité, à ses garçons d'acheter un grade dans les armées du Roi. Ces deux fils officiers lui coûtaient fort cher, menant grand train et « *consumant,* gémira leur père, *la plupart de mon peu de bien pour remplir avec honneur le poste qu'ils y occupent* ». Lui, cependant, n'eut jamais à Paris ni laquais, ni carrosse, et logeait dans un simple appartement, tandis que Molière par exemple — mais Molière n'avait qu'un enfant — habitait un joli petit hôtel particulier et vivait comme un grand seigneur (il fallait l'habiller, et il n'aurait point arrangé lui-même les plis de sa cravate). D'où la légende de la pauvreté du grand Corneille, l'histoire du soulier, etc...

Au demeurant, une réputation d'*avarice* (au sens de rapacité) solidement établie. Tous les *anas* du temps en témoignent, et pas seulement du côté de ses ennemis ni de cette mauvaise langue de Tallemant ; Segrais par exemple raconte que la Beaupré, « excellente comédienne de ce temps-là qui a joué aussi dans les commencements de la grande réputation de M. Corneille, disait : « M. Corneille nous a fait un grand tort : nous avions ci-devant des pièces de théâtre pour trois écus que l'on nous faisait en une nuit ; on y était habitué et nous y gagnions beaucoup ; présentement les pièces de M. Corneille nous coûtent bien de l'argent et nous gagnons peu de chose. » Il est bon de savoir en effet que Corneille fut le premier à valoriser le métier d'auteur dramatique : *Attila*, payé 2000 livres (près de deux millions) par la troupe de Molière, nous donne une idée de ses prix. On comprend que, dans les premiers temps, les comédiens n'aient pas été très contents qu'un auteur osât leur dire : « Part à deux, Messieurs ! » ; on comprend moins l'indignation vertueuse de l'honnête Chapelain traitant Corneille de « poète mercenaire » et ses pièces de « pièces vénales » (c'était en 1640, à propos d'*Horace*), — indignation à laquelle fait écho, 34 ans plus tard, Boileau dans *L'Art Poétique* :

Travaillez pour la gloire et qu'un sordide gain
Ne soit jamais l'objet d'un illustre écrivain.
Je sais qu'un noble esprit peut sans honte et sans
Tirer de son travail un tribut légitime ;   [crime
Mais je ne puis souffrir ces auteurs renommés
Qui, *dégoûtés de gloire et d'argent affamés*,
Mettent leur Apollon aux gages d'un libraire
Et font d'un art divin un métier mercenaire.

Corneille, au gré des envieux, savait trop bien mener sa barque . Assurément ce n'est pas à lui qu'il aurait fallu demander de travailler pour l'amour de l'art ; il connaissait parfaitement sa valeur, et il entendait la monnayer au maximum.

Non qu'il en eût réellement besoin : il avait (jusqu'en 1650 tout au moins) son traitement d'avocat du roi ; il avait les fermages de ses quarante hectares de bonnes terres, et l'on évalue sa fortune immobilière (vers 1660) à 1.900 livres de rentes et à 26.000 livres de capital (vingt-cinq à trente millions !) Mais il voulait imposer par le prix qu'il en demandait le respect de ses œuvres et de son talent. Ce n'était pas pour lui affaire d'argent seulement, mais de dignité. Ainsi préparait-il la voie aux prochaines revendications de La Bruyère, puis de Voltaire, en faveur de l'indépendance de l'homme de lettres. Quant aux pensions qu'il reçut du prince ou des ministres — et qu'il sollicitait au besoin — soyons sûrs que dans son for intérieur il ne les regardait pas comme des grâces, mais comme un dû : il estimait légitime qu'un talent qui honorait le pays fût officiellement rémunéré. Et lorsqu'il se vit privé, dans sa vieillesse, de la pension que le Roi lui servait depuis douze ans, il trouva, pour s'en plaindre à Colbert, des termes parfaitement dignes ; moins sensible à la perte d'argent qu'à ce qu'il regarde comme une ingratitude du gouvernement à son égard, il écrit :

« *Ainsi, Monseigneur, le retranchement de cette faveur à laquelle vous m'aviez accoutumé, ne peut qu'il ne me soit sensible au dernier point, non pour mon intérêt domestique, bien que ce soit le seul avantage que j'aie reçu de cinquante années de travail* (il veut dire qu'il n'avait jamais avant 1663 émargé au trésor royal), *mais parce que c'était une glorieuse marque de l'estime qu'il a plu au roi faire du talent que Dieu m'a donné...* » Si l'on considère quelle immense distance séparait du tout-puissant Colbert un homme de la condition de Corneille, on ne peut pas ne pas être frappé de la fermeté avec laquelle, à travers les formes respectueuses du langage, un grand poète sait réclamer ici les égards qu'il estime dus à son génie et à son âge. Un bourgeois n'eût jamais osé parler ainsi à une puissance. Mais ce bourgeois-ci, cet homme à petit collet, s'appelle Corneille — et il le sait.

C'est que son génie parfois libère Corneille des complexes timorés du bourgeois : alors il l'élève au-dessus de sa condition : il le fait peuple. On n'a plus devant soi « le sieur Corneille écuyer, ci-devant avocat du roi à la Table de Marbre de Rouen », mais Pierre Corneille tout court, sans autre titre que les noms qu'il a reçus de son père et de son parrain, comme le dernier des pauvres. Dépouillé de tout ce qui n'est pas lui-même, non plus gentilhomme, ni même bourgeois, mais roturier, mais plébéien, Corneille revêt alors une tout autre grandeur.

Ce côté *peuple* de Corneille suggère un développement facile — et qui demande d'ailleurs plus d'une réserve —

sur Corneille et Hugo. Tous deux occupent dans notre littérature une position également solide : parce qu'il y a en eux une force qui impose, on les respecte. Mais souvent de mauvaise grâce. Et, n'osant pas les attaquer de front, dans le détail on ne leur pardonne rien : piqûres d'épingle, mais qui de proche en proche voudraient ne rien laisser debout. C'est le « Victor Hugo, hélas ! » d'André Gide, ou les *Commentaires* de Voltaire sur Corneille, qu'on prendrait pour une entreprise de dénigrement systématique, si l'auteur n'avait averti qu'il entendait dresser un monument à la gloire de ce grand homme. Disons-le : Corneille et Hugo sont « de mauvais goût » ; or ce sont les gens de goût de tout temps qui font les réputations : ils tiennent la critique, l'Académie, l'Université, et malgré les variations éphémères de la mode, les gens de goût, ces impuissants bien-disants, forment d'un siècle à l'autre une franc-maçonnerie qui survit à toutes les révolutions littéraires. Voltaire, La Harpe, Nisard, Jules Lemaître et Anatole France, André Gide, Thierry Maulnier, etc... — vous les retrouvez à chaque carrefour de l'histoire. Voilà pourquoi Racine a traversé sans dommage toutes les générations : les invraisemblances sur lesquelles reposent laborieusement presque toutes les situations de son théâtre, n'ont jamais été dénoncées ni même remarquées, et personne n'a jamais eu à prendre la défense de Racine. Au contraire les admirateurs de Corneille, depuis deux siècles, comme aujourd'hui ceux de Hugo, ont toujours l'air de plaider pour un coupable.

Pourquoi faut-il que ces deux-là se présentent ainsi devant la critique en position d'accusés ? C'est qu'ils sont *peuple* : la force a toujours quelque chose qui tient du peuple. Les délicats, les aristocrates du goût se méfient de ces œuvres puissantes, comme le beau monde, du lion populaire. On subit la force : on ne l'aime pas. Pour l'aimer il faut être de la famille, il faut être un peu peuple soi-même. Mais alors on lui voue une admiration qui a la chaleur d'une amitié : ainsi Péguy, le plébéien Péguy — encore un écrivain de bien mauvais goût — unissant dans un même culte le vieux Hugo et le grand Corneille.

Nous entendons bien que Corneille fut un bourgeois — un bourgeois 100 %, le conformisme fait homme, et même le comble du bourgeois : le bourgeois anobli, un

Le cachet d'une lettre de Corneille
(ses armes : trois étoiles et trois têtes de lion).

monsieur qui cachetait ses lettres avec des armoiries plus
jeunes que lui, et qu'il n'y a rien peut-être de plus fermé
au peuple que le bourgeois, adorateur par principe du
« désordre établi ». Mais cela ne fut pas moins vrai de
Hugo, au moins jusqu'à sa rupture avec le prince Louis-
Napoléon. Et pourtant ce Victor Hugo là, le vicomte
Hugo qui sera demain de l'Académie et de la Chambre des
Pairs, n'en écrivit pas moins *Ruy Blas*, comme le Sr
Corneille, écuyer, conseiller du roi, académicien, à la
veille d'être appelé aux très honorables fonctions de
procureur-syndic des États de Normandie, n'en écrivit
pas moins *Don Sanche*, exactement la même pièce à deux
siècles d'intervalle, le même beau conte de fées d'un fils
du peuple amoureux de la Reine et aimé par la Reine
(Corneille fait même encore mieux les choses : le sien a
deux reines pour l'aimer). Et sans doute, parce que nous
sommes au XVIIᵉ siècle, son fils de pêcheur se découvre
à la fin prince héritier d'Aragon, ce qui répare une situation sans cela scandaleuse. N'empêche que Corneille à
son insu nous a, ce jour-là, livré un de ses secrets. Au reste,
ce secret est dans toute son œuvre (déjà *Le Cid* nous mon-
trait la fille d'un roi amoureuse d'un simple chevalier) :
c'est la fierté de l'artiste fils de ses œuvres, c'est la fière
déclaration de l'*Excuse à Ariste* : « *Je ne dois qu'à moi seul*

toute ma renommée », c'est l'idée, sous-jacente à tout ce théâtre de héros, qu'il n'y a de noblesse qui vaille que celle de la valeur personnelle, — ce que La Bruyère, autre roturier qui prépare de loin 1789, appellera le *mérite personnel*. Faut-il ajouter que, bourgeois respectueux des hiérarchies, Corneille ne s'est jamais cru ni voulu subversif ?

Revenons à Hugo. Corneille assurément n'a pas écrit *Les Misérables* ; il n'aurait même jamais dit ni pensé le mot de La Bruyère : « S'il faut choisir, je préfère être peuple ». Du moins trouve-t-on parfois chez lui des accents presque patriotiques. Presque, car il ne faut pas être exigeant : nous sommes au XVIIe siècle, où la Patrie s'identifie avec le Roi. Mais le peu qui s'aperçoit de patriotisme, çà et là, sous la plume de Corneille, constitue pour l'époque une manière de penser absolument extraordinaire. Nous songeons à tels passages de certains de ses poèmes sur les campagnes de Louis XIV, où le vieil homme, père de soldats lui-même, se réjouit et s'enorgueillit de la vaillance des garçons de son pays. Certes l'hommage remonte jusqu'au roi, mais c'est sur le troupier qu'il retombe en définitive. L'idolâtrie même de Corneille pour son jeune Roi, si elle est sincère — et nous la croyons telle — est inséparable à la fois de son patriotisme et de son amour paternel : on devine qu'il partageait l'enthousiasme de ses grands fils pour le jeune monarque, charmeur, brillant et prestigieux, qui les conduisait à la victoire. Il voyait enfin sur le trône de France un jeune prince audacieux et invincible, pareil à tant de héros fils de ses rêves et dans le sillage duquel ses propres enfants se transformaient sous ses yeux en héros. Quand ceux-ci revenaient en permission lors des quartiers d'hiver, il devinait à travers leurs récits l'odeur de la poudre, les tranchées munies de fascines et de gabions, les alignements impeccables de l'infanterie, tout le panache du métier des armes. C'est au moins une curieuse coïncidence, qu'il ne se soit découvert une vocation de peintre de batailles que du jour où il eut des fils sous les drapeaux. Le père du capitaine et du lieutenant Corneille vaut bien en cela le fils du général Hugo : nos deux grands poètes de l'héroïsme militaire n'ont connu et fait la guerre, l'un comme l'autre, que par personnes interposées.

65

Chez un paisible citadin, une telle faculté d'enthousiasme à soixante ans passés ; cette jeunesse d'un vieux cœur capable ainsi de vibrer de loin à l'appel du clairon et de frémir aux sonneries de cloches des victoires ; enfin, de la part d'un esprit volontiers sur ses gardes et de peu d'illusions sur les hommes, cette facilité à suivre l'engouement collectif de la nation pour son jeune roi : autant de signes d'une fraîcheur d'âme et d'une sorte de robuste ingénuité, qui prouvent que la souche populaire n'est pas loin.

Santé encore, que la fécondité de Corneille, — à la fois littéraire et charnelle. Corneille et Hugo : de nos grands poètes les deux plus infatigables producteurs d'alexandrins, et les deux seuls pères de famille nombreuse de notre littérature, laquelle est plutôt, en général, une littérature sans enfants comme elle est sans racine dans le peuple et sans nourriture pour le peuple. Le cas Racine est particulièrement frappant : il aura comme Corneille une nombreuse progéniture, mais il lui faudra pour cela abandonner la poésie ; Racine père de famille n'intéresse plus que par accident la littérature.

Iphigénie et Aricie ne sont point les sœurs de Nanette

et de Babet : elles ne sont vraiment pas du même père. Mais Émilie est la jumelle de Marie Corneille, et ainsi de suite. Si les enfants de Corneille n'avaient, comme on le pense, rien de romain, ses Romains en revanche ont quelque peu de sang Corneille dans les veines. De plus, ses soucis de chef de famille ne cessèrent jamais d'accompagner en sourdine, à l'arrière-plan de sa conscience, le travail de gestation de ses pièces, même s'il cherchait dans le second l'oubli des premiers. D'où vient sans doute, au moins pour une part, le climat réaliste de son théâtre, ce poids d'humble vérité humaine, confinant parfois au comique, qui distingue toutes les tragédies de Corneille. Jamais il ne sut en effet atteindre au degré d'*irréalité* absolue qu'exigeait ce genre éminemment conventionnel et faux, — ce que la critique d'aujourd'hui nomme le « tragique pur ». Ces héros, par lesquels il cherchait probablement à fuir la médiocrité de son milieu, jamais il n'a pu s'empêcher de leur prêter un peu de sa chair et de son sang, quelque chose de son allure lente et sérieuse, et même une pointe d'accent normand. Il a eu beau vouloir, il n'a pas réussi à en faire des créatures purement et

Le passage du Rhin, gravure de Chauveau. Bandeau ornant la première page du poème Les Victoires du Roi *en l'année MDCLXXVII par Pierre Corneille.*

parfaitement chimériques, ni des Romains authentiquement livresques ; il n'a pas réussi tout à fait à les dépouiller
d'un faux air de famille avec les Corneille, et son impéra-
trice Livie traîne dans ses jupes une odeur de province et
de bourgeoisie. Il n'a jamais pu, malgré le respect immense
que lui inspiraient leur qualité d'Anciens, leurs noms
chargés d'histoire et leur effrayante vertu, s'interdire avec
eux une impardonnable familiarité. Oui, vraiment, il les
avait fait entrer dans sa famille.

Le résultat, c'est que nous aussi nous nous sentons
quasi de plain-pied avec ses héros, comme si l'auteur nous
autorisait par son exemple à fraterniser avec eux. Nous
sentons bien, il va sans dire, qu'ils sont beaucoup plus
grands que nous, mais ils marchent sur la terre des hommes, tandis que les personnages de Racine sont comme les
dieux d'Homère : pas meilleurs que nous, pires parfois,
mais logés si haut au-dessus de la terre que leurs plus
banales et leurs plus mesquines aventures nous apparaissent environnées de nuées et de tonnerre. Ils ne
sont pas plus grands que nous, mais ils sont d'un autre
monde, dont l'air raréfié nous est irrespirable. Et Racine
le voulait ainsi ; il a voulu un théâtre inhumain ; il l'a dit :
« Les personnages de tragédie doivent être regardés
d'un autre œil que nous ne regardons d'ordinaire les
personnages que nous avons vus de si près. On peut dire
que le respect que l'on a pour les héros augmente à mesure
qu'ils s'éloignent de nous : *major e longinquo reverentia.* »
Cette phrase de la préface de *Bajazet* livre le grand
secret de l'art racinien : la *reverentia*, c'est-à-dire l'admiration mêlée de crainte du profane arrêté au seuil d'un
monde interdit. A l'entrée de chaque tragédie de Racine,
il est écrit : « Défense aux simples mortels de se croire
ici chez eux ».

Telle est, croyons-nous, la différence fondamentale entre
l'art des deux poètes, tout le reste étant secondaire ; et c'est
une simple différence de climat, mieux : d'altitude. Chez
Corneille on respire comme en plaine : on est chez soi.

C'est que Corneille tient à la terre par de solides attaches.
Très grand *artiste*, il n'a rien d'un *esthète*. Entre Corneille
solidement enraciné dans la famille, encadré de toute
la tribu familiale, père, mère, frères et sœurs, femme et
enfants, toujours travaillant au milieu d'une pleine
maisonnée, et le célibataire Racine, orphelin de père et de

mère et brouillé avec ses tantes, l'antipathie est à peu près de même nature que plus tard entre Baudelaire et Hugo. Dans les deux cas il y a plus que la différence d'une génération, plus que la jalousie d'un débutant famélique pour l'homme nanti, l'écrivain arrivé, le « maître » pontifiant (voir préfaces de Hugo ou *Discours* de Corneille) : il y a

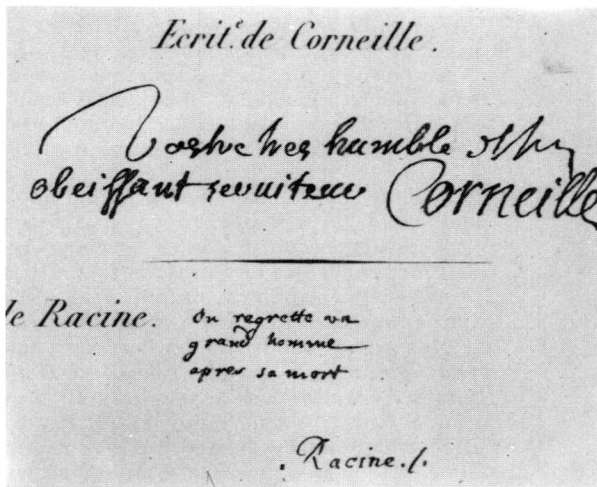

Livré aux méditations des graphologues...

surtout la haine du pur esthète, de l'artiste affranchi des contraintes familiales, pour celui qui incarne à ses yeux la famille dans toute son horreur et son conformisme. Racine, arrivé et marié, s'est repenti du mal qu'il avait pensé de Corneille ; on peut croire, si pareille fin était advenue à Baudelaire, qu'il n'aurait plus trouvé Hugo aussi « bête ». Mais l'esprit de Baudelaire — et du jeune Racine — s'est perpétué dans une fraction importante de la critique contemporaine. Plus d'un souriront à cette évocation des vertus familiales d'un grand poète : ce seront probablement les mêmes qui, sans refuser à Corneille une légitime admiration, nourrissent une préférence jalouse et presque fanatique pour le « divin » Racine ; affaire de sympathie ou d'antipathie, cela ne se discute pas. Une même ligne infranchissable laisse d'un côté Racine et Baudelaire, de l'autre Corneille et Victor Hugo, — celle qui sépare la

poésie pure et la poésie *impure* : impure si l'on estime que
l'art ne peut sauvegarder son essence qu'en se séparant
de la vie (famille, patrie, morale, etc...). Lorsque Corneille
grommelait contre « *nos enjoués et nos doucereux* », contre
« *nos délicats qui veulent de l'amour partout* », c'était, sans
bien s'en rendre compte, au nom du respect de la vérité
qu'il protestait, — les hommes, dans la vie telle qu'elle
est, ayant bien d'autres choses à faire qu'à vivre de grandes
passions. Réalisme fondamental de Corneille.

Autre signe de santé commun à Corneille et à Hugo :
leur robuste vieillesse, leur veine non encore tarie à
soixante-dix ans et au delà. On répondra que nous nous
passerions sans regret de presque tout ce qu'ils ont écrit
à cet âge-là et que leurs derniers vers n'ajoutent guère à
leur gloire. N'empêche que la plume ne tremble pas dans
leur main de septuagénaires ; si la machine à fabriquer
les hémistiches et à accoupler des rimes donne l'impression
de fonctionner dès lors presque toujours à vide, du moins
produit-elle encore des vers souverains. Donnons-en, pour
Corneille, un échantillon ; c'est une traduction, comme
le plus grand nombre de ses derniers poèmes : l'invention
avait faibli, mais le vieux maître s'astreignait à faire des
gammes, comme un débutant, pour ne pas se rouiller
tout à fait. Il s'agit d'une inscription pour l'arsenal de
Brest ; Santeuil en avait composé en latin tout un choix,
dont la mieux venue fut traduite en vers français par
plusieurs poètes. Voici deux de ces traductions :

> Ce chef-d'œuvre élevé sur le bord de ces eaux,
> De qui le seul aspect rassure nos vaisseaux,
> Ce riche magasin d'équipage de guerre,
> Cet amas surprenant d'armements inouïs,
>   C'est l'ouvrage du grand LOUIS,
> Redouté sur la mer autant que sur la terre.

> Ces longs murs que tu vois s'étendre sur ces mers,
> Fournir à nos vaisseaux tant d'armements divers,
> Effrayer le corsaire, assurer nos pilotes,
> Sur l'empire français veiller de toutes parts
>   Pour la défense de nos flottes,
> Sont l'ouvrage étonnant du plus grand des héros.
>   Qu'à l'envi les vents et les flots
> Le reconnaissent tous pour leur dieu tutélaire.
> Et que tout l'Océan le craigne et le révère.

Et voici celle de Corneille : on verra combien elle écrase ces platitudes (ni meilleures ni pires que la production moyenne de l'époque). Or le bonhomme avait soixante-treize ans.

> *Palais digne de Mars, qui fournis pour armer*
> *Cent bataillons sur terre et cent vaisseaux sur mer,*
> *De l'empire des lys foudroyant corps de garde*
> *Que jamais sans pâlir corsaire ne regarde,*
> > *De LOUIS, le plus grand des rois,*
> > *Vous êtes l'immortel ouvrage.*
> *Vents, c'est ici qu'il faut lui rendre hommage ;*
> *Mers, c'est d'ici qu'il faut prendre ses lois.*

Vers vraiment dignes des architectures militaires de Vauban et des fastes héroïques de notre vieille marine.

Passionnément amoureux de son métier, ce grand artiste, alors que l'Europe entière voyait en lui depuis longtemps le premier poète du siècle, savait qu'il avait encore à apprendre et ne fut jamais pleinement satisfait même de ses plus belles réussites : Corneille, ou l'homme qui ne s'est jamais arrêté, qui n'a jamais fait du Corneille et qui sur le tard n'hésita pas à se mettre à l'école des jeunes : son frère, Quinault et même Racine. Ainsi Hugo jetant sans vergogne dans sa forge de Cyclope des rognures de Baudelaire ou de Gautier. Chez tous deux même verdeur, à soixante-dix ans, du vieil homme qui se sent toujours de force à défier n'importe qui, qui refuse de céder la place : qui n'accepte pas de vieillir. Hugo se rengorgeait quand on le complimentait à quatre-vingts ans sur sa belle santé, son appétit et ses performances amoureuses ; égoïsme féroce du vieillard à qui l'on dit : « Vous nous enterrerez tous ».

Certes, Corneille accusait volontiers son âge, mais défions-nous. Très tôt — comme Hugo encore — il s'est donné pour un vieil homme, las, épuisé, amer. A cinquante-deux ans Hugo écrit *Paroles sur la Dune* ; au même âge, Corneille déclare à certaine « Iris » que « *c'est un meuble inutile qu'un galant de cinquante ans* » :

> *Si l'armure n'est complète,*
> *Si tout ne va comme il faut,*
> *Il vaut mieux faire retraite*
> *Que d'entreprendre un assaut.*

Il se calomnie, n'en doutons pas : l'armure n'était pas encore si décatie, ni son génie aussi épuisé qu'il se plut à le dire en mainte occasion : par exemple à soixante-et-un ans :

> *Que ne peuvent, Grand Roi, tes hautes destinées*
> *Me rendre la vigueur de mes jeunes années ?*
> *Qu'ainsi qu'au temps du Cid je ferais de jaloux !*
> *Mais j'ai beau rappeler un souvenir si doux,*
> *Ma veine qui charmait alors tant de balustres*
> *N'est plus qu'un vieux torrent qu'ont tari douze lustres...*
> *A force de vieillir un auteur perd son rang ;*
> *On croit ses vers glacés par la froideur du sang...*

Ce dernier vers le trahit. « On croit... » : amertume du demi-succès d'*Attila* ; mais, lui, sait bien que sa vigueur n'est pas épuisée ; il ne fait tellement sonner ses douze lustres que pour dire à tous : on verra si vous en ferez autant au même âge. Il était plus sincère quand il écrivait à Fouquet : *Depuis que je t'ai vu* (passons sur le motif)

> *je ne vois plus mes rides...*
> *Je prends mes cheveux gris pour une illusion*
> *Je sens le même feu, je sens la même audace*
> *Qui fit plaindre le Cid, qui fit combattre Horace...*

Il s'exprimait ainsi lorsqu'il revint au théâtre en 1659. Plus de dix ans après, soyons sûrs qu'il pensait de même. Écoutons-le encore en 1676, à soixante-dix ans :

> *... Et si mes quinze lustres*
> *Font encore quelque peine aux modernes illustres,*
> *S'il en est de fâcheux jusqu'à s'en chagriner,*
> *Je n'aurai pas longtemps à les importuner...*
> *Quoi que je m'en promette ils n'en ont rien à craindre :*
> *C'est le dernier éclat d'un feu prêt à s'éteindre ;*
> *Sur le point d'expirer, il tâche d'éblouir*
> *Et ne frappe les yeux que pour s'évanouir...*

Oui, jusqu'à la fin, s'il sait bien qu'il ne peut plus faire *Le Cid*, il « tâche » au moins d' « éblouir ». Et ces vers mêmes par lesquels il avoue farouchement sa vieillesse, il sait bien qu'on les admirera, que de tous côtés ses amis se récrieront : « Cher maître, vous n'avez rien écrit de plus fort ». Qu'on le sache, en effet, la légende du génie épuisé de Corneille est sortie quasi tout entière de ses propres déclarations : il se disait un homme fini pour empêcher peut-être que d'autres ne le disent, et surtout afin de se faire dire qu'il n'avait jamais été plus jeune.

Enfin, dernier trait robuste et plébéien qui l'apparente à Hugo : ce besoin, j'allais dire cette manie, de parler de soi, et surtout d'une certaine manière qu'on ne voit qu'à ces deux-là. On sait assez qu'aucun de nos romantiques ne nous a épargné ses confidences ; mais il y a la manière, et celle de Hugo est bien différente : nul autre n'a cette façon désinvolte et tranquille de se poser devant vous, de s'asseoir carrément dans ses vers en pantoufles et en robe de chambre, — même lorsqu'il se donne de l'Olympio. Toutes proportions gardées (car, bien sûr, le XVIIe siècle n'est pas le XIXe, et quand on écrit pour Versailles et pour le Roi, il y a un decorum à garder), la manière de Corneille annonce celle de Hugo. Ce n'est pas qu'au XVIIe siècle le moi fût tellement haïssable : on s'est mépris sur le sens du mot fameux de Pascal ; les poètes au XVIIe siècle n'ont guère moins parlé d'eux qu'au XIXe : La Fontaine ou Boileau — et Malherbe donc ! — ont toujours le « je » à la bouche. Tout ce qu'on sait sur La Fontaine, sa paresse, son étourderie, sa vie peu recommandable, c'est lui qui nous l'a dit ; et Boileau ne nous épargne aucun de ses cousins greffiers ou procureurs, ni son jardinier et ses plates-bandes d'Auteuil. Mais ils ne parlaient ainsi que parce qu'Horace l'avait fait : leurs audaces ne vont guère plus loin que celles du grand ancêtre, du grand modèle latin, et toutes leurs confidences, même sincères, voulaient d'abord être d'adroites imitations des anciens. Au contraire, quand Corneille parle de lui, il n'a derrière lui aucun patron dont il puisse se réclamer, il ne développe pas un thème littéraire consacré : il dit — et rondement — ce qu'il a envie de dire. Cela s'explique : pour les autres, odes, fables, élégies ou épîtres n'étaient point de ces broutilles dans lesquelles un grand poète peut se permettre des allures plus négligées : c'était leur grande œuvre, celle sur laquelle ils jouaient leur réputation et leur carrière. Pour Corneille, hormis son théâtre, tout n'était que « bagatelle » : de là la liberté de ton, unique au XVIIe siècle, de ces poèmes de circonstance où il s'exprime à la première personne avec la plus totale indifférence aux lois et conventions littéraires. Nous l'avons vu parler de son âge et de son talent qui baisse. Ailleurs il parle de ses fils, des soucis qu'il a pour les établir, de leur bonne tenue sur le front, des blessures qu'ils y ont reçues ; de son œuvre ou de ses projets, — et se plaint que son Roi l'oublie ; aux femmes il dit crûment leur fait : elles sont trop jeunes pour son âge, ou trop huppées, ou trop coquettes, — toutes, viande trop délicate pour un « amant grossier » comme lui.

Il n'est guère de ses poésies diverses où l'homme avec ses goûts, son humeur, sa lassitude ou ses espérances, ne s'étale avec une tranquille impudeur, jusques et y compris dans ses vers officiels, sauf lorsqu'il traduit du latin, et encore... On le voit, par exemple, à la fin d'un long poème sur le passage du Rhin, traduit du Père de la Rue, lâcher brusquement son guide pour terminer par un mot de son crû, dont le ton familier tranche sur la grandiloquence du reste : « *Pour quelque mois ou deux, laisse-moi respirer* ». Boileau s'en souviendra dans son Épître VIII : « Grand Roi, cesse de vaincre, ou je cesse d'écrire ». (Il y aurait toute une étude à faire sur les emprunts de Boileau à Corneille ; le ton même de Boileau, ce langage rude et sans apprêt qui sent son grand auteur à l'aise devant le Roi, c'est du Corneille.)

Reste que si Corneille est à l'aise devant le Roi, c'est *la plume à la main :* sa timidité à la Cour a été mainte fois attestée. Mais timidité et manque de discrétion venaient du même fond de roture : bourgeois, Corneille se sentait tout petit en présence des Grands ; loin d'eux et devant son papier, le bourgeois se trahissait encore par ce naïf besoin de parler de soi, — manque irrémédiable de dignité et d'esprit aristocratique.

Nous tenons là, sans doute, quelques-uns des éléments fondamentaux de la personnalité de Corneille. Mais non pas tous ; et c'est ici que cesse la ressemblance avec Hugo. Corneille ne pontifie pas. Pensons à Olympio, ou à ces airs de dieu bienveillant et condescendant avec lesquels le Hugo de l'exil répondait à l'hommage de ses jeunes admirateurs lointains (« Jeune homme... ») ; et pensons au grand Corneille, si simple, faisant si peu sentir autour de lui la supériorité de son génie, demandant modestement des conseils, se mettant en frais de compliments hyperboliques à l'adresse d'obscurs confrères qui lui envoyaient leurs ouvrages, — non sans doute qu'il en pensât tout le bien qu'il leur en disait : mais l'usage le voulait ainsi, et l'idée ne lui venait pas qu'il pût se dispenser de l'usage commun. C'est seulement quand il s'adresse au Roi — et, par derrière le Roi, au grand public — qu'il fait sonner hautement sa gloire. Encore ne le fait-il que parce qu'il la voit contestée, pour défendre son bien ou réclamer son dû, jamais par vaine ostentation ; et la mélancolie de ses regrets lorsqu'il évoque la brillante époque de sa carrière, la tristesse avec laquelle il parle de son génie comme d'un feu prêt à s'éteindre, ôtent toute arrogance insupportable à ces fières déclarations. Il y a là un mélange unique d'orgueil et d'humilité : de la bonhomie, de la candeur, des bouderies de vieil enfant gâté qui se plaint qu'on l'abandonne.

Dès sa jeunesse, dans la première ivresse du succès sans précédent remporté par le *Cid*, les fameuses déclarations de l'*Excuse à Ariste* qui déchaînèrent contre lui tout le Parnasse, montraient, dans leur témérité même, une crânerie qui nous le rend extrêmement sympathique, à nous qui n'avons point d'intérêt dans l'affaire. Cette tranquille et folle audace du jeune poète, c'est la même exactement que celle de son jeune héros ; c'est Rodrigue lançant son défi au comte de Gormas, — avec toutefois cette réserve : si la démesure forme le caractère de certains de ses personnages, Corneille pour son compte personnel sut toujours s'en garder. Même dans cette *Excuse à Ariste* il ne se livre pas si pleinement aux mouvements de l'orgueil et à la joie du triomphe, que le bon sens ou la modestie ne l'avertissent aussitôt d'y mettre une sourdine. On cite toujours :

Je ne dois qu'à moi seul toute ma renommée

ou :

Il rit du désespoir de tous ses envieux.

On oublie de citer ceci, ajouté comme à demi-voix pour se faire pardonner le reste :

Nous nous aimons un peu, c'est notre faible à tous :
Le prix que nous valons, qui le sait mieux que nous ?
Et puis la mode en est, et la cour l'autorise.
Nous parlons de nous-même avec toute franchise ;
La fausse humilité ne met plus en crédit.

Après quoi il enchaîne de plus belle :

Je sais ce que je vaux, et crois ce qu'on m'en dit, etc...

Nous sommes là très loin de Hugo, à qui la grâce manqua toujours, c'est-à-dire la gentillesse et la simplicité d'une âme sincère ou, pour dire tout d'un mot cher au XVIIᵉ siècle, le *naturel*. Rien par exemple qui nous indispose plus contre Hugo que l'insupportable humilité qu'il se croit obligé d'affecter chaque fois que dans ses préfaces il quitte les idées générales et ses affirmations souveraines sur la mission du poète, pour dire quelques mots de son livre ou de sa pièce. Rien de plus grotesque que cette façon de descendre tout à coup de son piédestal pour prendre l'humble posture d'un débutant à genoux devant la critique, et qui s'excuse de présenter ses petites élucubrations. L'âme de Corneille est d'un autre métal : son orgueil rend un autre son. Les doutes qu'il émet parfois, dans ses préfaces, c'est sur la valeur de ses principes, sur la témérité peut-être de telle voie nouvelle où il a osé s'aventurer, ce n'est jamais sur la valeur de sa pièce : si elle est bonne, il laisse assez voir qu'il le sait (« *mon chef-d'œuvre* », dit-il tout tranquillement dans sa *Lettre Apologétique* en réponse aux *Observations* de Scudéry sur *Le Cid*) ; et si elle est mauvaise, il en convient de tout aussi bonne grâce. De même il ne craint pas d'exprimer ses doutes ou ses scrupules touchant les règles, en homme qui sait que l'art est difficile et qu'il n'y a point de honte à convenir qu'on n'en saura jamais le tout ; mais sur son génie, jamais il n'avouera qu'il ait des doutes. C'est parce qu'Hugo ne douta jamais du sien, qu'il affectait si facilement d'en douter, nulle critique n'étant capable d'ébranler sa confiance absolue en lui-même ; Corneille au contraire fut toujours extraordinairement vulnérable à la critique : il avait besoin, pour croire en lui tout à fait, des applaudissements et du triomphe, n'étant point assez présomptueux pour penser avoir raison contre le public ; et chaque fois que celui-ci lui signifia qu'il s'était trompé, il s'inclina, douloureusement meurtri :

« *J'aurais tort de m'opposer au jugement du public ; il m'a été trop avantageux en mes autres ouvrages pour le désavouer en celui-ci ; et si je l'accusais d'erreur ou d'injustice pour* Théodore, *mon exemple donnerait lieu à tout le monde de soupçonner les mêmes choses des arrêts qu'il a prononcés en ma faveur.* »

Et voici la préface de *Pertharite* :

« *La mauvaise réception que le public a faite à cet ouvrage m'avertit qu'il est temps que je sonne la retraite... Il vaut mieux que je prenne congé de moi-même que d'attendre qu'on me le donne tout à fait ; et il est juste qu'après vingt années de travail je commence à m'apercevoir que je deviens trop vieux pour être encore à la mode. »*

Il revint cependant au théâtre ; dix fois il tenta de reconquérir le public, tantôt par la douceur en se mettant au goût de la mode nouvelle, tantôt par la force en essayant dans d'ultimes sursauts de lui imposer encore le sien. Il connut des hauts et des bas, et chaque succès le grisait comme un enfant : il se croyait déjà redevenu le Corneille d'autrefois ; et chaque échec lui soufflait à l'oreille : « Tu es un homme fini ». Homme de théâtre au plein sens du mot, toute sa vie, toute sa foi en lui étaient suspendues aux réactions de la salle. Mais, découragé à chaque nouvel échec, jamais pourtant il n'abandonna longtemps la lutte : c'était plus fort que lui, les lumières de la rampe attiraient de nouveau ce vieil homme de théâtre comme un sortilège familier. *Limelight...* Comment ne pas penser au vieux Calvero, le héros du film de Chaplin, quand on suit les péripéties de cette longue agonie du vieil auteur dramatique qui ne veut pas mourir, vieil enfant pleurant de sa défaite le soir, et prêt à recommencer le lendemain, tour à tour persuadé qu'il n'est plus bon à rien et repris par l'espoir insensé de retrouver au moins une fois l'un de ses triomphes d'antan. Et puis, il lui fallait de l'argent, toujours plus d'argent, pour pousser ses enfants dans le monde... Évidemment, Corneille a manqué sa sortie.

Mais ce drame pitoyable et sublime, mieux qu'aucun chapitre de sa vie, livre le secret de son être, de son génie et de son œuvre. Ces découragements profonds et cette lutte toujours reprise, ce mélange étonnant de force et de faiblesse, voilà la grandeur de Corneille : c'est aussi celle de ses héros. Pauvre Corneille ! comme disait la princesse Palatine. — Il faut citer encore une fois ce témoignage, le plus émouvant sans doute que nous ayons sur lui :

« Corneille est de nouveau à la mode et l'on reprend ses plus vieilles pièces l'une après l'autre. *Le pauvre Corneille* en est si aise qu'il m'a assuré vouloir avant sa fin en composer encore une jolie. »

C'était en 77 ; il avait soixante-et-onze ans. Nous avons insisté sur le drame de la vieillesse de Corneille ; mais qu'on n'oublie pas que le même drame se présente dans

des épisodes antérieurs de sa carrière. Ce n'est pas seulement en parlant du vieux poète qu'on a pu dire « le pauvre
Corneille ». Sautons de quarante ans en arrière. Octobre
1637 : la querelle du *Cid* dure depuis plus de neuf mois ;
Richelieu, d'abord spectateur amusé, trouve enfin que
ce petit jeu a assez duré et charge son secrétaire Boisrobert
de faire savoir de sa part au sieur Mairet qu'il est temps de
cesser les hostilités. Et ce bon cœur de Boisrobert d'ajouter à la fin de sa lettre :

« Jusqu'ici j'ai parlé par la bouche de Son Éminence ;
mais pour vous dire ingénuement ce que je pense de toutes
vos procédures, j'estime que vous avez suffisamment puni
le pauvre M. Corneille de ses vanités, etc... »

Sautons maintenant deux siècles et demi, ouvrons l'honnête et sérieux Lanson, qui n'était guère homme à faire
du sentiment. Page 172 de son *Corneille* : « Et ce machia-
vélisme tant reproché *au pauvre Corneille*, etc... » Tant
il est vrai qu'on ne peut écrire sur Corneille sans que la
formule vienne d'elle-même au bout de la plume. Voilà
une chose qu'on ne dira jamais de Hugo, non plus que de
Racine. Et l'on ne dira guère non plus le pauvre Molière,
malgré ses chagrins domestiques, ses soucis innombrables
et la maladie qui le terrassa en pleine force. Ni, bien
entendu, le pauvre Voltaire ou le pauvre Montaigne. Ni
le pauvre Pascal, ni même le pauvre Lamartine ou le pauvre
Musset (le malheureux Musset, peut-être). Ni le pauvre
Baudelaire, malgré sa névrose, et certainement pas le
pauvre Stendhal. Par contre on dira sans peine le pauvre
Flaubert, ou même le pauvre Balzac. Mais voici mieux
comme pierre de touche : on ne dira jamais le pauvre La
Fontaine, et l'on dira toujours le pauvre Jean-Jacques :
réaction instinctive qui nous en apprend plus sur le fond
d'un être que de savantes études ou de profondes analyses.
Pourquoi cette sorte de pitié particulière accordée à
quelques-uns et refusée à tous les autres, qui souvent
ont été infiniment plus malheureux ? Tare physiologique ?
Mais Corneille et Balzac furent des bien-portants. Non,
cet avertissement mystérieux décèle une faille plus sub-
tile : la persistance dans un homme (même solidement
taillé pour la vie et doué d'un tempérament très robuste)
d'une incorrigible naïveté, disons mieux : de l'esprit d'enfance conservé on ne sait par quelle grâce — ou quelle
disgrâce — exceptionnelle. Ajoutons que cette étrange

faiblesse n'exclut nullement, chez un écrivain, une vision tout à fait lucide de la vie ni même un réalisme impitoyable. C'est d'ailleurs presque toujours le cas. D'où un mélange déconcertant de pessimisme et d'optimisme ; et c'est pourquoi les quatre plus grands noms peut-être du réalisme français, Corneille, Rousseau, Balzac, Flaubert, ont été en même temps d'inguérissables idéalistes. Devant ces êtres si forts et pourtant si vulnérables, ces observateurs si amers, doublés de rêveurs si candides, on éprouve un sentiment bizarre, fait de respect, de gêne et de pitié, et c'est ce qu'exprime, par exemple, « *le pauvre Corneille* ».

Corneille éternel enfant ? Voyez Fontenelle : « Il ne s'était pas trop endurci aux louanges à force d'en recevoir ». Corneille susceptible, ombrageux, soupçonneux, avec des accès de franchise brutale ? L'affaire du *Cid* lui avait fait croire à une véritable persécution montée contre lui, dont l'âme aurait été Richelieu, et il se méfiait de tout le monde. « Les poètes sont bizarres et ne prennent point les choses comme il faut jamais. Cettui-ci après cette harangue m'en fit une autre bourrue. Je lui avais dit l'an passé qu'il fallait changer son cinquième acte des Horaces, à quoi il avait résisté toujours depuis, quoique tout le monde lui criât que la fin était brutale et froide. Enfin, de lui-même il me vint dire qu'il se rendait et qu'il le changerait, et que ce qu'il ne l'avait pas fait, était pour ce que, en matière d'avis, il craignait toujours qu'on ne les lui donnât par envie et pour détruire ce qu'il avait bien fait. Vous rirez sans doute de ce mauvais compliment, pour le moins si vous êtes comme moi, qui me contente de connaître les sottises sans m'en émouvoir ni fâcher. » — Ce n'est point de Rousseau qu'il s'agit, — et cette lettre n'est pas de son ami (?) Diderot, mais de Chapelain, ami (?) de Corneille : style à part, on pourrait s'y tromper.

Et cette démangeaison de se justifier, de prouver qu'il a raison, de répondre inlassablement aux contradicteurs ! De Chapelain encore : « Corneille est ici depuis trois jours, et d'abord m'est venu faire un éclaircissement [= me chercher querelle] sur le livre de l'Académie pour ou plutôt contre le *Cid*... Il ne fait plus rien, et Scudéry a du moins gagné cela qu'il a tari sa veine. Je l'ai autant que j'ai pu réchauffé et encouragé à se venger de Scudéry et de sa protectrice (l'Académie) en faisant quelque nouveau *Cid* qui attire encore les suffrages de tout le monde... Mais il n'y a pas moyen de l'y résoudre : il ne parle plus que des règles et que des choses qu'il eût pu répondre aux académiciens s'il n'eût point craint de choquer les puissances, mettant au reste Aristote parmi les auteurs apocryphes lorsqu'il ne s'accommode pas à ses imaginations. »

A comparer encore la fameuse lettre de Jean-Jacques à Voltaire du 17 juin 1760 : « Je ne vous aime pas, Monsieur, vous m'avez fait les maux qui pouvaient m'être les plus sensibles... » et la *Lettre Apologétique* de Corneille à Scudéry :- « ... *Jusque-là je suis assez glorieux pour vous dire de porte à porte que je ne vous crains ni ne vous aime* ». Même rancune agressive, même besoin de dire à l'ennemi ses quatre vérités, même imprudence de se découvrir en frappant.

Scudéry — « *Je veux baiser le fleuret dont je prétends lui porter une botte franche.* »

Poussé jusqu'à la manie chez Rousseau, l'esprit de paradoxe se rencontre aussi chez Corneille. Lorsqu'il s'agit de ses idées littéraires, on le voit volontiers faire front contre tout le monde, braver les habitudes du public et jeter ses théories ou ses œuvres comme autant de défis. Audaces de l'écrivain contrastant, chez Corneille comme chez Rousseau, avec cent petites lâchetés ; tous deux passionnés de gloire pour leurs ouvrages et fuyant la publicité pour leur personne ; voulant pour leurs écrits les éditions les plus luxueuses et pour eux-mêmes un train modeste et effacé.

Le contraste entre l'homme et l'œuvre a paru si frappant chez Corneille, qu'on s'est en général dispensé d'y regarder de plus près. De là mainte dissertation sur le paradoxe de tant de héros nés d'un père aussi pantouflard, tandis que les malins, sans s'embarrassor pour si peu, prononcent d'un air entendu : « littérature d'évasion », en expliquant, si on les pousse un peu, que Corneille, écrivain de génie mais esprit très ordinaire, n'a rien fait de plus que prêter la puissance et l'éclat de son verbe sonore aux sentiments communs à son époque, l'héroïsme dit *cornélien* ne devant à Corneille que son expression la plus parfaite, mais se rencontrant partout dans la première moitié du XVIIe siècle : mélange de vertu à l'antique, d'ascétisme de la volonté (voir stoïcisme chrétien et style d'éducation des Jésuites), enfin d'idées chevalᵉresques sur l'honneur et l'amour répandues par l'Arioste ou par d'Urfé.

Nous refusons pour notre part ce Corneille réduit aux fonctions d'un poste-relai. Nous refusons de reconnaître dans ses héros le type de héros qui se fabriquait en série dans la littérature du temps ; à des degrés différents (car les œuvres d'un grand écrivain n'ont pas toutes une égale sincérité), tous cependant se distinguent par une qualité d'âme qui n'est qu'à eux ; leur grandeur est d'un autre ordre, — à la fois plus haute et plus vraie. Sans doute Corneille fut tributaire de son siècle, mais il lui rendit son bien méconnaissable.

Quant à parler d'évasion, c'est ne rien dire, l'art authentique étant par essence toujours évasion, même le plus réaliste, et un grand artiste ne peignant jamais que son âme. Au surplus il n'est pas du tout assuré que la personne et la vie de Corneille aient été si différentes de son œuvre qu'on a coutume de le dire. Je vois bien en effet deux hommes dans Corneille, mais le contraste se situe à l'intérieur de sa personne et se retrouve, exactement symétrique, à l'intérieur de son œuvre.

Car dans sa vie même, ce petit magistrat de province, ce bourgeois timoré, si humble devant les puissances, connut pour son propre compte les sensations enivrantes du pouvoir. Il fut roi, il vécut dans sa propre existence ces drames de la gloire et de l'ambition qui forment la matière de son théâtre. Il eut des vassaux, leva tribut, reçut des hommages, puis après trente années d'un règne prestigieux se vit contraint de lutter âprement pour défendre sa couronne menacée. Il la conserva à grand-peine, mais enfin la conserva, et mourut Roi. Racine en effet ne parvint jamais à occuper une situation littéraire comparable à la sienne : sa carrière avait été trop brève et, même Corneille mort, on ne peut dire qu'il lui ait succédé : personne ne succéda à Corneille. On ne trouverait dans notre histoire que deux autres cas d'une pareille royauté littéraire : celui de Voltaire et celui du Victor Hugo d'après l'exil [1]. Mais Voltaire vivait à Ferney comme un prince souverain, et quand Hugo revint en France il n'y avait plus de prince ; Corneille vécut et mourut comme un petit fonctionnaire au temps de la plus grande splendeur du pouvoir royal. Le monde entier applaudissait Corneille, on le traduisait en allemand, en anglais, en espagnol, en italien, en néerlandais, mais lui n'était toujours que Maître Pierre Corneille, l'homme au petit collet, sans autre promotion sociale qu'un simple titre d'écuyer, d'ailleurs remis en question plus d'une fois et qu'il eût peut-être acquis aussi bien au titre d'avocat du roi.

Par ce contraste la vie de Corneille, si sage, si peu romantique, prend un caractère aussi prodigieux que le destin d'un Rimbaud, et peut-être plus prodigieux encore : car Rimbaud vécut successivement sa double existence, mais Corneille la vécut simultanément. Revenant d'as-

---

1. « Sa réputation s'est répandue par toute l'Europe et l'on peut en donner pour une preuve convaincante un cabinet de pierres de rapport fait à Florence, qui a été vu de tout Paris et dont on avait fait présent au Cardinal Mazarin. Entre les divers ornements qu'on y avait employés pour l'enrichir, on voyait aux quatre coins les médailles ou portraits des quatre plus grands poètes qui aient jamais paru dans le monde, deux anciens et deux modernes, savoir Homère et Virgile, le Tasse et Corneille. » (Thomas Corneille, Dictionnaire Universel Hist. et Géogr.)

« *Virtus tua, quæ per universum terrarum orbem latissime simul cum gloria tua diffusa, tot admiratores nacta est quot vivunt eruditi et candidi.* » (Lettre de Claude Sarrau, 12-12-1642).

« J'avoue, continua Eulalie, que par-dessus tout je mets Corneille. Je ne puis parler de cet homme sans respect, sans vénération, etc. » (*La Précieuse* de l'abbé de Pure - 1re partie, 1656).

« Nous avons un grand homme parmi nous qui honore toute notre nation... Tout ce que vous faites [pour atteindre sa réputation] se brise auprès de son nom comme un verre contre un vase d'airain... Vous voulez donner un démenti à toute l'Europe... » (D. de Visé à d'Aubignac ; *Défense de Sertorius*, 1663).

Il fallait avoir la tête solide pour ne point se laisser enivrer par tant de gloire.

L'apogée d'une carrière sans précédent :
frontispice de l'édition monumentale de 1663, in-folio.

sister à Paris au triomphe d'une de ses pièces, il reprenait
à la Table de Marbre de Rouen son humble besogne pro-
fessionnelle, — petit robin parmi d'autres, laissant ses
lauriers à la porte du Palais comme plus tard il les laissera

à la porte de l'Académie, ainsi qu'il aimait à dire. « Le bonhomme Corneille est mort hier matin » : ce mot du marquis de Dangeau donne les dimensions sociales de Corneille ; mais l'éloge prononcé par Racine trois mois plus tard devant l'Académie nous donne ses dimensions littéraires : éloge absolument inouï pour l'époque, si l'on pense qu'il ne s'agissait après tout que d'un poète. La mémoire du grand Condé lui-même ne sera pas exaltée par Bossuet en des termes plus magnifiques. En l'honneur de Corneille Racine osa dire, ce jour-là, que la noblesse du talent valait celle de la naissance et des armes et que la gloire d'un tel poète égalait celle des plus grands héros de l'histoire. Ainsi Corneille recevait-il, à titre posthume, le droit de s'asseoir à la table des princes, lui qui de son vivant, avec son titre de prince de l'esprit, s'était contenté de l'amitié des procureurs ou des notaires.

A le regarder comme écrivain seulement, même contraste : héroïsme et pusillanimité. Nul poète ne fut plus jaloux de son indépendance sur le plan de l'art, plus fidèle à la loi et aux exigences de son génie, quand il s'y laissait aller franchement, plus incapable à certaines heures de résister à la voix intérieure qui lui soufflait de tenter des routes nouvelles et toujours plus difficiles. Son génie, si la prudence humaine ne l'eût quelquefois contrarié, était bien de la même race que ses héros : celle des grands coureurs d'aventure et des navigateurs solitaires, celle surtout de l'homme qui prend ses risques. Le public suivrait ou ne suivrait pas, on verrait bien. Presque toujours il suivit, subjugué par cette puissance de vie prodigieuse à quoi se reconnaît toujours le vrai Corneille. Mais les doctes veillaient : les champions du bon sens, et de la vraisemblance, et des bienséances, bref les défenseurs du « bon goût » (car il y en avait déjà). Ce diable d'homme leur faisait peur : dès *Le Cid* ils avaient flairé en lui l'adversaire, celui qu'on n'apprivoiserait jamais tout à fait.

Et cependant Corneille ne demandait qu'à vivre en paix avec eux : c'était le génie de Rimbaud dans l'âme de Joseph Prudhomme. Être double, à la fois Nicomède et Prusias [1], à peine avait-il lancé une de ces œuvres hardies qui semblaient faites à dessein pour choquer les classiques

1. Cf. don Quichotte et Sancho : influences possibles de Cervantès sur Corneille (G. Couton).

du temps, que l'autre voix qui était en lui suppliait : « Ah ! ne me brouillez pas avec l'Académie ». Rien n'éclaire mieux l'étrange dualité de sa nature que ses trois *Discours* de 1660, ce lourd et consciencieux exposé de sa poétique dramatique. La *Pratique du Théâtre* de l'abbé d'Aubignac l'empêchait de dormir à cause de quelques méchants coups d'épingle dont l'auteur avait assaisonné d'énormes compliments à son adresse. En somme, avec tout son génie, qu'on ne discutait pas, il ne savait pas son métier ? il n'avait jamais entendu comme il fallait la pratique du théâtre ? Un autre, dans la situation souveraine qui était la sienne, se serait peu troublé de ce que pouvait penser et imprimer un d'Au-

Le Capitan Matamore, parodie du Cid *avant* Le Cid : *exemple de la double nature de Corneille.*

bignac, et tous les doctes avec lui. Corneille non : il voulut
se justifier, il voulut prouver aux doctes qu'il connaissait
mieux que le docte abbé les règles du théâtre, et Aristote,
et Castelvetro. Ce n'est pas un plaidoyer pour son théâtre ;
son dessein n'est pas de démontrer qu'il n'a écrit que de
bonnes pièces ni qu'il a toujours bien observé les règles.
Beau joueur, il n'hésite pas à se condamner lui-même, —
mais toujours sur des points où personne n'avait pensé à
l'attaquer ou pour des motifs différents de ceux qu'on
avait invoqués ; car ce qu'il veut faire voir, c'est qu'il entend la critique mieux que les critiques de métier : son
expérience et trente ans de « pratique du théâtre » lui ont
certes appris les règles, mais aussi la difficulté d'en user,
leur insuffisance et leur relativité. Au bout du compte, on
voit bien qu'il obéit aux règles... à condition de les avoir
lui-même établies. Telle est l'ambiguïté foncière de Corneille : à la fois soucieux de se ménager l'approbation des
doctes et incapable de se défaire de cette essentielle originalité par laquelle il leur déplaira toujours. Ces *Discours*,
entrepris par un Prusias accommodant et docile, ont été
rédigés par un autre : ainsi Nicomède répondant pour
son père à l'ambassadeur des Romains.

Or ce double visage de Corneille se retrouve dans toutes
ses pièces. Tantôt l'opposition est accusée au maximum :
on a les couples Nicomède-Prusias, Polyeucte-Félix, Pla-
cide-Valens ; tantôt un peu moins, et c'est Cinna et Maxime, Massinisse et Syphax, Othon et Vinius ; un degré de
moins encore : Sertorius et Pompée, Polyeucte et Néarque,
Horace et Curiace ; la différence peut même être réduite
à presque rien : Héraclius et Martian, Séleucus et Antio-
chus ; mais jusque dans ces couples si étroitement fra-
ternels se devine la même opposition : le génie avec son
audace, le bourgeois avec sa prudence.

Par là s'explique le *fair play* que Péguy a si justement
signalé, lorsqu'il admirait Corneille de n'avoir point abaissé
Sévère pour rehausser Polyeucte : c'est qu'ils étaient l'un
et l'autre les deux visages de son âme. Même lorsqu'il
pousse jusqu'à la caricature comme dans Félix le bourgeois
qu'il portait en lui, il laisse à ce vieux renard un fond d'humanité touchant et pitoyable. Beaucoup d'erreurs d'interprétation commises sur les personnages de son théâtre
viennent de là : c'est qu'il est à la fois pour Horace et pour
Curiace, pour Polyeucte et pour Sévère — et même pour

Félix. Et lorsque toute erreur devient impossible, comme dans *Sertorius*, où sa sympathie pour Pompée, pourtant si lâche, est évidente, le public, qui veut toujours prendre parti, ne comprend plus.

Car, tout épris qu'il fût des vertus héroïques, Corneille savait le prix des humbles et solides vertus bourgeoises. Il les pratiqua toute sa vie, en tant qu'homme et en tant qu'écrivain, apportant dans son métier d'auteur non seulement la même intelligence de ses intérêts, mais aussi les mêmes qualités de prudence et de probité, la même conscience scrupuleuse, la même attention au détail que dans la tenue de ses livres de compte ou dans l'exercice de son métier de juge. Quel soin dans la correction des épreuves et dans la chasse aux fautes d'impression ! (Voir préface de *L'Illusion comique*). Quel soin pour revoir et corriger (quelquefois en l'abîmant) le texte de ses pièces à chaque nouvelle réédition ! Et sait-on qu'il préconisa même une réforme de l'orthographe ? Nous avons dit son souci des règles ; il n'avait pas moins à cœur d'être en règle avec elles qu'en paix avec sa conscience (quitte à les tourner un petit peu, comme le scrupuleux fait parfois avec la morale, afin de n'avoir rien à se reprocher). Et l'histoire !

Compte et Estat de la recepte mise et despense que Pierre Corneille Escuyer cydevant Advocat de sa Majesté aux sièges gnaux de la table de Marbre du palais à Rouen, trésorier en charge de la paroisse de Saint-Sauveur dudit Rouen a faite des rentes revenus et deniers appartenant à ladite Église et ce pour l'année commençant à Pasques mil six cens cinquante et un et finissant à pareil jour mil six cens cinquante et deux, par luy présenté à Messieurs les curé et trésoriers de ladite paroisse à ce que pour sa décharge il soit procédé à l'examen dudit compte et clausion d'iceluy.

Ce n'est pas Corneille qui introduisit l'habitude de donner ses sources et de s'excuser des libertés qu'il pouvait avoir prises avec elles : les poètes humanistes du XVIe siècle avaient eu déjà ces scrupules, et l'usage s'en était perpétué. Mais on est confondu par ce que chacune de ses tragédies suppose de lectures et de recherches ; même une fantaisie comme *Andromède* pose à sa conscience d'honnête historien des problèmes dont nous souririons presque. C'est que sa documentation n'était point du tape-à-l'œil comme sera celle de Hugo, mais solide et consciencieuse comme celle de Flaubert (l'air de Rouen y est-il pour quelque chose ?). — Il fut au sens complet du mot, un docte, un savant humaniste dans la tradition du XVIe siècle, et presque aussi bon poète en latin qu'en français ; persuadé d'ailleurs de la supériorité du latin, langue morte et par conséquent immortelle, sur le français, sujet à vieillir. « Il me dit très souvent qu'il serait un jour habillé à la vieille mode » (Santeuil) — ce qui en effet s'est produit : que de parties de la langue de Corneille, aussi bien d'ailleurs que de Racine ou de Molière sont mortes aujourd'hui, ou ne vivent que par la piété tenace de quelques fidèles ! Mais ni Molière ni Racine n'avaient prévu cela ; il y fallait la modestie d'un vieux latiniste et la triste sagesse d'un historien, qui sait que tout est périssable.

Tristesse de Corneille... Écoutons Fontenelle : « Il était mélancolique. Il lui fallait des sujets plus solides pour espérer et pour se réjouir que pour se chagriner et pour craindre. » Portrait posthume d'un vieillard ? Mais voyez la gravure de Michel Lasne qui le représente à 38 ans ; c'est bien le visage d'un homme sans joie, méditatif et solitaire. Tous ses portraits présentent ce même regard intérieur, si différent de la physionomie ouverte et vivante de son frère Thomas. Du reste, est-il besoin des portraits ? Son œuvre est là. Il semble bien, à la lire en profondeur, que Corneille se soit donné très tôt de la vie une vue triste et désenchantée. Est-ce une conséquence de la querelle du *Cid* ? Il faudrait bénir alors cette malheureuse affaire: car que vaudrait pour nous l'œuvre *tragique* de Corneille sans la longue plainte qui partout s'y perçoit sourdement comme un accompagnement en mineur ? Ce n'est pas seulement en effet dans les pièces de sa vieillesse que percent cette mélancolique acceptation du *sic transit gloria mundi* et cette sorte d'amertume sereine qui donnent à *Tite et Bérénice*, à *Pulchérie*, à *Suréna* une résonance si profondément humaine que presque tout Racine à côté (sauf *Phèdre* et *Athalie*) pour un peu semblerait de la littérature. En fait, passé *Le Cid*, on ne retrouve jamais plus chez Corneille la franche gaîté de ses premières pièces (une seule fois, par accident, dans *Le Menteur*), ni cet accent triomphal et ce chant de confiance juvénile en la vie qui avaient fait applaudir son Rodrigue. Déjà Horace a découvert les lendemains sinistres de la gloire, et Auguste, revenu de toutes les grandeurs de ce monde, prépare la voie à *Polyeucte*, suprême leçon de détachement et recours à l'autre vie comme à l'unique espérance. Et tous les autres désormais, ou bien chercheront dans la gloire une raison désespérée de vivre, ou bien au contraire, indifférents à la gloire, ne penseront qu'à sauver leur part d'un bonheur fragile et périssable, tandis que les adolescents au cœur pur, à la première découverte qu'ils feront de la laideur de la vie, ne demanderont qu'à mourir, ayant d'un coup mesuré le néant de toutes choses. Et cette orgueilleuse amertume de Nicomède, vainqueur sans joie, héros sans jeunesse !... Arrière-goût de cendre et de vanité que laisse toute l'œuvre tragique de Corneille : comme si, dans leurs luttes passionnées et leurs affirmations orgueilleuses, ses personnages s'efforçaient de sauver au moins la conscience de leur *moi* du néant qui les enserre.

Le même pessimisme explique le réalisme, souvent si dur, de Corneille : car cet homme replié qui médite sur la vanité de tout, fut aussi un bourgeois à l'affût derrière ses persiennes. Il est devenu banal, après Schlumberger et d'autres, de signaler le côté réaliste du théâtre de Corneille ; mais il convient de toujours garder présente à l'esprit la dualité essentielle de son génie, à la fois princier et bourgeois : de là le double aspect de son théâtre, héroïque et réaliste. *Héroïque* : le mot vaut mieux qu'*idéaliste* ; c'est d'ailleurs le mot du XVIIe siècle. Encore faut-il bien l'entendre : nulle considération d'ordre moral ne s'y mêle (il y a longtemps qu'on n'a plus à démontrer l'imbécillité du fameux « les hommes tels qu'ils devraient être »). Tout « grand homme », sa vie fût-elle peu édifiante, avait droit au titre de héros : il suffisait, comme dira à peu près Voltaire, d'avoir « saccagé quelques provinces » et, pour une femme, d'avoir tourné la tête à un certain nombre de héros (dont définition ci-dessus). Autrement dit, Corneille, créateur de héros, fut et demeure notre grand poète *épique* (exotisme et couleur locale écartés, et la peinture de batailles intéressant un autre chapitre) : épique, parce que son imagination prodigieuse fait surgir de la fable ou de l'histoire, pour les dresser vivantes devant nous, de grandes figures étranges ou prestigieuses. Tantôt, penché sur les textes des historiens, il s'efforce d'arracher le secret de leur puissance dominatrice à d'illustres meneurs d'hommes : Auguste, César, Sertorius, etc... Tantôt il rêve de jeunes êtres purs et forts, beaux comme des anges ou comme l'homme avant le péché (Horace), ou de figures barbares, féroces et félines (côté masculin, Attila ; côté féminin, Médée). La légende de Médée, cette sorcière bohémienne, si belle et si sauvage — cruelle et mystérieuse Antinéa d'un autre Hoggar — hanta véritablement son imagination : il y revint à deux reprises à plus de vingt ans d'intervalle, sans compter qu'on la retrouve sous des noms différents dans la monstrueuse Cléopâtre de *Rodogune*, cette reine d'Orient qui a la beauté d'un cauchemar, ou dans la froide et hautaine Sophonisbe, fille d'Hamilcar, sœur aînée (moins le bric-à-brac de bazar) de la Salammbô de Flaubert.

Or la distance n'est pas plus grande de Salammbô à Frédéric Moreau qu'entre Sophonisbe et Massinisse ; de Salammbô à Bouvard ou Pécuchet qu'entre Sophonisbe et Syphax. Mais, alors que Flaubert fit alterner les œuvres de style épique et les œuvres de style réaliste, Corneille au contraire mêle partout les deux tons et s'abandonne simultanément aux deux tendances de son génie : ces êtres supérieurs, ces créatures merveilleuses ou maléfiques, il les présente engagés dans des conflits de famille ou des intrigues de palais dignes les uns de Balzac ou de Dostoïevski, les autres de Saint-Simon ou de Stendhal ; et Brasillach n'avait pas tort de parler de « nœuds de vipères » pour mainte tragédie de Corneille, plus drame bourgeois que vraiment tragédie. Il ne s'agit pas là d'une interprétation subjective : Corneille a formulé expressément (voir dédicace de *Don Sanche*) la définition — ne disons pas même du drame bourgeois, ce qui sent fâcheusement son Diderot — mais du drame tout court tel qu'on le conçoit aujourd'hui, « *quitte*, comme il dit, *pour chausser le cothurne un peu plus bas* ». La tragédie devant exciter la crainte et la pitié, ces deux sentiments seraient plus fortement excités « *par la vue de malheurs arrivés aux personnes de notre condition, à qui nous ressemblons tout à fait, que par l'image de ceux qui font trébucher de leur trône les plus grands monarques, avec qui nous n'avons aucun rapport qu'en tant que nous sommes susceptibles des passions qui les ont jetés dans ce précipice, ce qui n'arrive pas toujours* ». Si les habitudes du théâtre de son temps ne lui permirent jamais d'oser mettre en pratique sa théorie de la tragédie bourgeoise (encore qu'il l'ait fait une fois, au 5ᵉ acte de *L'Illusion comique*, en nous faisant croire pendant quelques scènes que l'aventure tragique du prince X et de la princesse Y était celle de Clindor et d'Isabelle), nous avons le droit d'affirmer que très souvent, derrière les grands personnages dont l'histoire lui fournissait les noms, il eut en vue d'humbles drames de la société bourgeoise à laquelle il appartenait. Ces aventures tragiques apparemment si éloignées de nous, il faut voir comme il tient à nous faire comprendre qu'elles peuvent nous concerner.

Sur *Rodogune* : « *Il est peu de mères qui voulussent assassiner leurs enfants de peur de leur rendre leurs biens comme Cléopâtre, mais il en est assez qui prennent goût à en jouir et ne s'en dessaisissent que le plus tard possible.* »

Sur *Théodore* : « *Les funestes désespoirs de Marcelle et de Flavie sont capables de guérir de l'opiniâtreté à faire des mariages par force et à ne se point départir du projet qu'on en a fait par un accommodement de famille entre des enfants dont les volontés ne s'y conforment point quand ils sont venus en âge de l'exécuter.* »

Tant il est difficile de faire chez Corneille le partage entre l'imaginaire et le réel ! Presque à propos de chaque scène il faut se demander si l'on tient là le vrai Corneille, avec les valeurs auxquelles il croyait, la morale qu'il enseignait à ses fils, toute cette part enfin de lui-même dont il savait qu'il aurait à rendre compte devant Dieu, ou seulement sa personnalité seconde, ce double que tout poète porte en lui et dont il se sent aussi peu responsable que nous le sommes des rêves de nos nuits. Examinons un cas-limite. La part du réel semble à peu près nulle dans *Sophonisbe*. Ce n'est point l'homme Pierre Corneille, bon chrétien, bon sujet du Roi, bon époux et bon père, qui s'exprime dans aucun des trois thèmes que met en œuvre cette tragédie : Carthage défendant contre Rome sa cité et ses dieux, la grande héroïne qui immole tout à sa patrie, la jalousie et la haine de deux femmes, — trois thèmes qui d'ailleurs n'en font qu'un : lutte contre l'étranger, contre son amour ou contre une rivale, *Sophonisbe* permet à Corneille toutes les variations possibles sur le culte de l'énergie et sur la beauté de la force humaine lorsqu'elle est engagée tout entière dans la lutte. Corneille adore ici les idoles, mais il sait que ce sont des idoles. Et pourtant, dans cette tragédie qui semble avoir si peu d'attaches avec sa personnalité réelle, qui sait s'il ne nous a pas livré sans le vouloir un des secrets de sa vie ? — le même d'ailleurs que dans plusieurs autres pièces, et c'est cette répétition qui paraît significative. A-t-on remarqué en effet combien fréquemment revient dans son théâtre le thème de l'homme dominé et humilié par la femme ? Ici par exemple l'énergie de Sophonisbe s'affirme aux dépens des deux hommes qui l'aiment, aussi bien le jeune Massinisse que le vieux Syphax. Presque toujours chez Corneille la femme est supérieure à l'homme, rarement son égale (Laodice, Viriate) ou sa sujette (Chimène, Camille, Pauline), — ce qui chez un tel écrivain ne saurait s'expliquer uniquement par les conventions de la littérature courtoise. Nous avons vu, quand il écrivait des vers aux dames, comme il le prenait de haut : réflexe de défense, ainsi que, dès sa jeunesse, tels propos cyniques sur l'amour. Quelle expérience familiale, quel souvenir peut-être de la première enfance est à l'origine de cette sorte de terreur et d'attrait à la fois que nous croyons deviner chez Corneille à l'égard de la femme ? — vérité secrète et honteuse glissée comme par fraude jusque dans ces vertigineuses architectures de rêve que semblent être à première vue certaines de ses tragédies.

Ainsi la vérité embrasse de tous côtés la fiction. Depuis les éléments d'une Physiologie du mariage jusqu'à la peinture de la Cour et des Grands en passant par des scènes de la vie privée ou de la vie de province, c'est vraiment toute la matière d'une vaste *Comédie Humaine* qui se trouve étroitement mêlée et fondue, dans l'œuvre de Corneille, à la plus étonnante vision épique de l'histoire qu'un poète nous ait donnée.

De cette dualité de son génie il ne semble pas avoir souffert ni même avoir eu conscience : la force de Corneille fut d'être une âme sans inquiétude et sans problème.

Un seul drame dans sa vie : celui de vieillir et de déchoir. Mais ce drame de la vieillesse, Corneille n'avait point attendu d'en faire l'expérience par lui-même pour en sentir profondément tout le tragique : voyez Don Diègue, Auguste, Félix, Prusias, et tant d'autres, tous ces pères, tous ces vieux, respectables ou méprisables, mais tous également diminués parce qu'ils sont vieux et qu'ils éprouvent, en présence des jeunes, le sentiment douloureux de leur infériorité. Il faut savoir gré à Brasillach d'avoir, après Schlumberger toutefois, signalé quelle galerie de monstres grimaçants forment presque tous ces pères et ces mères du théâtre de Corneille ; mais nous croyons qu'il convient en conservant l'idée, de la renverser : ce n'est point tant de la haine que nous sentons chez le poète à l'égard de tous ces vieux, que de la pitié. Même à l'égard des plus hideux : parce qu'ils sont des vieux (on est toujours un vieux par rapport à ses enfants), l'ignoble Phocas, l'atroce Cléopâtre ont droit à un peu de pitié ; bien qu'ils aient mérité la haine et le mépris de leurs enfants, un tel châtiment a quelque chose de si effroyable qu'on en a le cœur saisi. C'est que, dans l'éclairage du tragique cornélien, il n'y a pas de plus grand malheur pour un homme que de se sentir méprisé par les jeunes, même s'ils ne le montrent pas.

Plus que dans les drames de l'amour c'est là, croyons-nous, que Corneille a touché le fond du tragique. Disons d'une manière plus générale que le tragique cornélien est toujours tragique de la déchéance (car cela peut arriver même à des jeunes : voir notre étude sur *Horace*) ou de l'inégalité de valeur entre les hommes : tragique, chez les meilleurs, de se sentir supérieurs à ceux qu'ils aiment ; tragique, chez les médiocres, de se sentir condamnés à être éternellement inférieurs à ces privilégiés, à ces enfants des dieux qui ne se sont donné que la peine de naître pour se trouver nantis de tous les dons du ciel, force, intelligence et magnanimité. Atroce jalousie qui ronge les plus belles camaraderies (Curiace), qui pousse l'ami à trahir son ami (Maxime), le lieutenant à trahir son chef (Perpenna), les rois à payer de la prison ou de la mort les services de leurs trop brillants généraux (Suréna) et les pères à haïr les fils quand leurs fils sont meilleurs qu'eux (Prusias). C'est dans une pièce où l'on ne penserait guère à les chercher, dans *Andromède*, cette somptueuse fantaisie

mythologique, que nous avons trouvé les paroles les plus
tragiques de Corneille : dans la bouche de Phinée, le fiancé
éconduit pour n'avoir pas tenté de sauver sa princesse et
pour avoir laissé Persée prendre sur lui cet avantage. « Le
beau mérite ! » dit-il :

> *Mille et mille auraient fait des actions plus belles,*
> *Si le ciel comme à lui leur eût donné des ailes !*

Ce Thersite jeté comme par mégarde dans un monde de
héros, y lâche des vérités terribles : nulle part ailleurs dans
Corneille un tel cri de révolte ne s'élève du clan des ré-
prouvés ; par la bouche de cet intrus, de ce paria, c'est
toute la masse humaine des médiocres et des indignes qui
soudain se met à gronder, menaçante, à la porte du palais
illuminé dans lequel jamais ils ne seront admis : « Pourquoi eux et pas nous ? » Inoubliable cri de la conscience
humaine devant le mystère de la prédestination. Ce cri-là
nous avertit de ne pas regarder seulement dans le théâtre
de Corneille du côté des héros, mais aussi du côté des
autres.

Et quel autre tragique peut-on attendre d'un théâtre
de l'héroïsme que celui de la déchéance du héros, ou de
l'inégalité du sort qui interdit à jamais à tant d'hommes
d'être des héros ? Le tragique même de l'amour se ramène
toujours chez Corneille à cette insurmontable inégalité
des âmes : on aime au-dessous de soi ou au-dessus, et l'on
souffre ou du mépris qu'on éprouve pour l'être aimé ou
du mépris qu'on lui inspire. Polyeucte et Pauline formaient
un couple parfait : deux âmes d'une égale beauté ; mais
la conversion du mari le met tout à coup infiniment au-
dessus de sa femme, et toute la tragédie est là. Autre couple
parfait : Nicomède et Laodice ; ceux-là restent à égalité
jusqu'à la fin, mais aussi Corneille nous avertit que son
héros n'est pas tragique.

Ce tragique de la hiérarchie des âmes (qui vaut bien
celui de Racine) nous ramène à la dualité essentielle de
Corneille, *héros* en tant que poète et *paria* par sa condition. Bourgeois béant d'admiration et de respect devant
les grands, et d'ailleurs observateur amusé du monde tel
qu'il est, il bornait sa philosophie à l'acceptation d'un
partage de l'humanité, aussi bien sur le plan psycholo-
gique et moral que sur le plan social et politique, entre
une minorité de « héros » et une masse de petites gens. Mais
cette ligne de partage, inéluctablement inscrite à la fois

dans l'inégalité des conditions et dans celle des âmes (sans que ce soit nécessairement la même, et il le savait bien), Corneille la portait en lui-même : prince par son génie (et quel orgueil alors en lui, quelle assurance !), par sa naissance, et par son caractère même dès qu'il ne s'agit plus de son œuvre, il appartient à la race des petites gens et des âmes médiocres. Mais s'il a souffert parfois dans ce partage de son être, ce n'est point de la médiocrité de son caractère, c'est plutôt de la supériorité de son génie, — il en a souffert comme d'un péché.

Le christianisme de Corneille n'a rien de superficiel ou de plaqué : il est vécu en profondeur, il coexiste à toute sa pensée. C'est peut-être un étrange christianisme pour nous (les Jansénistes du XVIIe siècle le pensaient déjà), mais c'était celui de Corneille et de la majorité de ses contemporains (ici aucune originalité chez Corneille) : il faut qu'il y ait des Grands et que les Grands aient à cœur de maintenir leur rang ; christianisme encore enfoncé dans le Moyen Age, christianisme où les rois parce que rois et les grands parce que grands sont revêtus d'un caractère sacré. Reste que « noblesse oblige » : la grandeur confère des devoirs, les rois doivent être les premiers serviteurs de leurs peuples et donner l'exemple de l'obéissance à la loi. Nous ne parlons plus religion mais politique ? C'est tout un pour Corneille : sa politique est fondée sur le respect du pouvoir établi — fût-ce par usurpation (*Cinna* ou *Pertharite*) — parce que le pouvoir établi est l'œuvre de la Providence, qui fait toujours bien ce qu'elle fait.

Humilité devant les grands de ce monde, humilité devant la Providence divine, humble accomplissement de tous ses devoirs d'état : un homme dans le rang, à sa place, et qui ne cherche point à en sortir. Il veut gagner de l'argent : mais c'est son devoir de père de famille ; affirmer sa valeur et défendre son rang de grand auteur : devoir encore ; Dieu lui a donné du talent, ce n'est pas pour le mettre sous le boisseau, et chacun doit défendre son rang : « à César ce qui est à César ». Mais tout en revendiquant la première place comme poète, il se sait un pauvre pécheur, comme les rois, tout sacrés et vénérables qu'ils sont, et qu'il n'est aucune grandeur qui tienne devant Dieu.

Ce christianisme constitue l'assise-mère de l'éthique et de la psychologie de Corneille. Son éthique ? Impossible de suivre Roger Caillois dans sa séduisante hypothèse d'un

ÉLECTION ET OBÉISSANCE
Gravure de Chauveau pour l'Imitation *de* Corneille *(éd. in-4°).*

amoralisme cornélien. Qu'on ne nous dise pas que le héros cornélien n'a cure, au fond, des causes pour lesquelles il se bat, pourvu qu'il se batte, et qu'il sert son roi ou sa patrie exactement comme il les combattrait, c'est-à-dire en cherchant seulement à s'illustrer et à affirmer orgueilleusement son moi, en grand féodal encore mal soumis au joug de l'absolutisme royal : il suffit de penser à Nicomède. Admettons même que les héros de Corneille en servant leur père, leur pays ou leur roi, pensent surtout à leur propre gloire : il reste qu'ils les servent et que Corneille n'a jamais choisi pour héros Alcibiade ou Coriolan (si Nicomède est Condé, c'est Condé prisonnier de Mazarin, et non Condé allié des Espagnols : voyez les dates). Admettons encore que Rodrigue, en vengeant son père, pense surtout à ne pas démériter aux yeux de Chimène, et reconnaissons du moins que Brasillach avait raison de montrer avec quelle hargne et quelle grossièreté presque il repousse les remerciements de son père lorsqu'il a tué celui de sa maîtresse. Mais enfin il l'a tué : il a commencé par obéir.

Ce qui est vrai, c'est que les héros de Corneille à la fois se sentent solidaires des valeurs morales de leur groupe (famille, patrie, monarchie) et les dépassent. Ils ne divinisent pas, tout en s'y conformant, les impératifs sociaux : il faut obéir à son père ou à son roi, car la hiérarchie est sacrée, mais il suffit de leur prêter son bras, sans leur aliéner son âme. A César ce qui est à César, oui ; mais à Dieu ce qui est à Dieu :

Je dois ma vie au peuple, au prince, à sa couronne.
Mais je la dois bien plus au Dieu qui me la donne.
                                                    (Polyeucte.)

Car les choses ne sont point égales : Nicomède doit respecter son père, mais il doit oser défendre contre son père l'indépendance du royaume.

Ne faisons de Corneille ni un maurrassien ni un nietzschéen. Il y a une place pour chaque devoir et chaque devoir doit être mis à son rang : philosophie non pas du juste milieu, mais d'une sagesse harmonieuse et d'une vue complète des choses. Catholicisme : tenir les deux bouts de la chaîne... (Ce qui n'est pas toujours facile : d'où le tragique.)

Point de morale du surhomme, par conséquent, chez Corneille. Non que ce soit historiquement impossible : sans parler de Machiavel, on la trouve, au XVIIe siècle même, par exemple dans *L'Homme de Cour* et dans *Le Héros* du Jésuite espagnol Balthazar Gracian (traduits plus tard par Schopenhauer, comme par hasard). Mais c'est philosophiquement impossible : car à toute éthique de la révolte correspond nécessairement une métaphysique du désespoir ; et rien n'est plus loin de la tristesse de Corneille : tout son théâtre est un refus de consentir au désespoir. On comprend cependant par quel glissement certains ont pu voir en lui un précurseur de la morale du surhomme : parce qu'il croit à une hiérarchie des âmes (il y a des chevaux de trait, des demi sang, des pur sang). Mais Corneille n'a jamais conclu que les pur sang eussent le droit de se mettre au-dessus des lois : il a toujours pensé que les pur sang devaient rester dans le rang, au premier rang, mais dans le rang, et servir comme les autres, et même payer d'exemple.

Toute l'erreur vient de ce qu'on refuse de voir en quoi consiste pour Corneille la supériorité de ces êtres d'élite que nous appelons ses héros. On la situe dans l'orgueil et la démesure, mais c'est tout l'inverse. Sans doute il s'est plu à peindre de grands carnassiers qui mettent leur gloire dans le crime ; il connaît la sombre beauté du mal ; mais il ne confond pas le beau avec le bien. Parler même d'anges dévoyés serait faire du romantisme : ces êtres de ténèbres n'ont jamais été des enfants de la grâce. A quoi

97

donc se reconnaît le signe de la grâce ? Au milieu du troupeau des âmes vulgaires, des êtres simples et sommaires, toujours si sûrs d'eux, les porteurs du signe divin se distinguent par une essentielle inquiétude. Poursuivis du tourment de la perfection (mot laïc pour dire sainteté), ils ne cessent de s'interroger sur leur devoir et, l'ayant accompli, d'être obsédés (surtout s'ils s'en défendent) du remords de leurs bonnes actions : car c'est le tragique de la condition de l'homme, que nous ne puissions jamais accomplir notre devoir sans faire souffrir quelqu'un, que toujours par quelque côté la justice soit contraire à la charité, qu'enfin le bien et le mal soient toujours intimement mêlés. Fatalité que seules les âmes les plus hautes et les plus délicates sont capables de ressentir douloureusement : et c'est en cela, croyons-nous, que réside par dessus tout le caractère d'exception de ceux qu'on appelle les héros de Corneille, — ceux du moins de sa grande époque.

Conclusions analogues en ce qui concerne la psychologie de Corneille. Il est stupéfiant qu'on ait pu faire de lui le peintre des énergies indomptables et des décisions inébranlables : il faut qu'on se soit laissé égarer par quelques figures (très rares d'ailleurs si on les compte) dans lesquelles ce timide, cet indécis, ce scrupuleux a cherché à donner un corps à son « antipathie » (ou peut-être à son idéal, qui le sait ?) ; quoi qu'il en soit, travaillant là sur de l'imaginaire, il n'a pu créer que des fantômes. Mais tout ce qui chez Corneille a épaisseur et pesanteur d'homme n'est qu'inconstance ou irrésolution : ses amoureux de comédie si prompts au change ou à se consoler d'un refus en prenant une autre maîtresse, Sertorius incapable de se décider entre les intérêts de la politique et le penchant de son cœur, Pompée ou Othon sacrifiant leur amour à leur carrière, mais plutôt par faiblesse que par un cynisme délibéré, Cinna oscillant du parti d'Auguste à celui d'Émilie ou, pour citer tout de même un exemple féminin, Rodogune incapable de se décider à exécuter la vengeance dont un mort vénéré lui a légué la mission (et l'on pense invinciblement à Hamlet), Auguste lui-même, qui d'un bout à l'autre de son rôle est très exactement le contraire d'un homme qui sait ce qu'il veut, Émilie, dont toute la volonté de lutte, qui semblait invincible, s'effondre sans raison valable à la fin de la pièce, Horace, qui tue sa

sœur parce que c'est le seul moyen d'échapper à la conta-
gion du désespoir, tant il se sent peu sûr de lui, etc... etc...

Théâtre de la volonté ? oui, mais de la volonté impuis-
sante ou déchirée : car (et voilà l'autre bout de la chaîne)
Corneille et ses personnages savent que l'homme est responsable de ses actes. Ces héros si forts devant le danger et
si faibles devant leurs passions, si maîtres d'eux dans le
dialogue et si peu en face d'eux-mêmes, jamais du moins
ne s'abandonnent avec délice à leurs démons ; toujours
ils s'efforcent de voir clair dans leur âme et de retrouver
la paix intérieure : c'est déjà beaucoup, et bien plus que ne
font la plupart des hommes. Incapables, sans un secours
exceptionnel de la grâce, de parvenir à cette paix, ils savent
du moins qu'ils ont toujours assez de liberté pour accomplir leur devoir. Pauvre liberté, qui sauve tout juste l'honneur ! L'action, un court instant, les délivre d'eux-mêmes,
mais dès qu'ils reviennent au repos ils retrouvent le vieil
homme. Ainsi Rodrigue quand il a tué le Comte : il a
obtenu de son geôlier dix minutes de congé sur parole
pour aller accomplir en hâte son devoir, puis revient se
constituer prisonnier. Les meilleures tragédies de Corneille
sont faites de ces combats douloureux pour une liberté
dérisoire : l'homme y apparaît, non pas certes comme le vil
esclave des passions, mais comme un homme libre
enchaîné.

Libre parce qu'il ne cesse jamais, même dans le pire
abandon et dans la nuit la plus noire (voir monologue
d'Auguste), de chercher passionnément la lumière. Est-il
besoin de souligner ce qu'a d'authentiquement chrétien
une telle conception de l'homme ? *Grandeur et misère...
roi découronné...* Corneille est, ici, tout près de Pascal,
beaucoup plus près que Racine [1], — jansénisme à part, il va
sans dire ; mais la psychologie de Pascal doit fort peu à son
jansénisme.

Quant aux rapports de la grâce et de la liberté, là aussi
Corneille, on le sait, tient solidement les deux bouts de la
chaîne : Dieu, dit-il dans *Œdipe*, Dieu « *aide et laisse faire* » ;
c'est ce qu'il a montré dans *Polyeucte* : l'homme incapable
sans la grâce d'accéder à la sainteté, mais toujours libre de
la repousser, en sorte que toute la puissance de Dieu ne

---

1. Sauf le Racine de *Phèdre*.

saurait forcer un homme à être un saint, de même que l'homme avec toute sa bonne volonté n'y saurait parvenir de lui-même.

Merveilleusement accordé au christianisme par son double destin, comme aussi par la dualité de sa nature (appétit de grandeur si souvent contrarié en lui par l'humble bon sens du bourgeois), Corneille trouvait dans la foi le moyen de résoudre ses contradictions en les dépassant : le chrétien sait qu'au-dessus des inégalités de la naissance (grandeur selon la chair) ou du mérite (grandeur selon l'esprit) il y a l'égalité des enfants de Dieu ; que la seule grandeur qui vaille en définitive, celle de la sainteté, peut être accordée aux plus médiocres et aux derniers du troupeau, par un second arbitraire qui corrige le premier (exemple Félix) ; et qu'enfin la vraie sagesse répudie aussi bien l'humilité que l'orgueil, qui sont deux formes de l'amour de soi : car l'homme n'est jamais plus grand que devant Dieu :

Un Dieu qui nous aimant d'un amour infinie
Voulut mourir pour nous avec ignominie. (Polyeucte.)

De quel prix faut-il donc que nous soyons à ses yeux ! Voilà la *bonne nouvelle* que Polyeucte veut crier aux hommes. Et quand Corneille, pour flageller en lui l'esprit du monde, humilie son talent à de pieuses traductions versifiées, il sait bien qu'il ne s'abaisse pas, mais qu'il s'élève. Sans renier le grand Corneille prince de l'esprit, il mettait au-dessus, n'en doutons pas, l'humble poète chrétien que Dieu lui avait permis d'être parfois. De fait son humilité fut récompensée : le poète de l'*Imitation* n'est pas inférieur à celui du *Cid*, de *Polyeucte* ou de *Nicomède* : il demeure à la fois notre plus grand tragique et le seul vrai lyrique de son siècle : égal d'un côté à Sophocle et de l'autre à l'humble Verlaine de *Sagesse*.

Au terme d'une étude dont nous voyons bien ce qu'elle a d'incomplet et d'arbitraire, nous n'oublions pas qu'un écrivain de la taille de Corneille fait craquer toutes les définitions dans lesquelles on essaye de l'enfermer. Notre dessein fut seulement de fixer quelques points de repère à peu près certains ; mais les lignes que nous avons tracées entre ces points ne dessinent qu'une des figures possibles du poète. Corneille demeure toujours à découvrir : c'est là sa grandeur (ou, si l'on veut, sa faiblesse) par rapport à nos autres grands classiques : en regard de ces claires figures (une clarté qui n'exclut pas la profondeur), Corneille apparaît comme une lourde nasse aux contours indécis. Mais aussi quelle richesse !

Il n'est demeuré étranger à rien de son siècle, et plonge encore par ses racines dans l'humanisme du seizième. Et non seulement il aurait presque pu dire à Racine, Molière, Boileau, comme autrefois Ronsard à ses successeurs : « Vous êtes tous issus de ma Muse et de moi », mais de plus il demeure de tous nos grands classiques le seul qui ait été capable de produire dans la littérature postérieure (ne parlons pas du pseudo-classicisme) de vigoureuses boutures (Stendhal, Hugo, Péguy, p. ex.), alors que Molière, La Fontaine ou Racine, toujours si vivants pourtant, n'ont jamais enfanté que de pâles et moribonds disciples : étonnante fécondité posthume du poète le plus fécond et le plus varié de son siècle. Puissance et générosité d'un génie exceptionnellement humain, ouvert à toutes les formes de la vie, des plus humbles choses de la terre aux plus hautes aventures de l'esprit, des affaires d'argent aux affaires du bon Dieu, ayant appris de Montaigne que rien n'est méprisable de ce qui existe, que les plus humbles fonctions de l'homme ont aussi leur noblesse et qu'il faut de tout pour faire un monde. Le contraire d'un homme à partis pris, à vues sommaires et catégoriques : bref, si l'intelligence se mesure à l'ouverture des perspectives, le plus humain de nos poètes parce qu'il fut le plus *intelligent*.

Louis Herland.

Seule relique (présumée) du mobilier du poète : petit cabinet à tiroirs, dont l'un porte sur le fond l'inscription « Ntes du Cid ».

La maison des champs des Corneille à Petit-Couronne, près Rouen.

Je ne dois qu'à moi seul toute ma renommée.

1637 (*Excuse à Ariste*).

... Pour vous remercier de ce que j'ai de réputation, dont je vous suis entièrement redevable...

1640 (Dédicace d'*Horace* au cardinal de Richelieu).

Un homme qui a les pieds sur la terre

Une lettre du 30 septembre 1661, adressée par Corneille au futur beau-père de sa fille, M. de Clairefontaine, père du chevalier de Boislecomte, nous montre le père de famille dans l'exercice de ses fonctions :

Monsieur,

Le mariage est une chose si importante que l'on ne saurait trop s'informer de ceux avec qui l'on s'allie quand on n'a pas l'honneur de les connaître ; mais ces informations ont leur temps, et comme elles sont fort justes avant qu'on ait donné sa parole, elles sont ridicules et offensantes après qu'une affaire est conclue et signée et que les parties ont déjà vécu ensemble dans les privautés et les caresses ordinaires à des gens qui s'aiment et qui sont prêts à s'attacher l'un à l'autre pour toute leur vie. Souvent ici on ne se contente pas de s'informer en général, on demande déclaration du bien et j'ai été obligé moi-même de montrer mes contrats en original quand je me suis marié. Je n'en ai pas usé de même, et l'honneur de votre alliance m'a été si précieux et la personne de M. de Boislecomte, si chère, que je me suis contenté de ce que Mme d'Aveine en a dit à un de mes amis et ne me suis pas voulu servir après cela d'une lettre qu'un conseiller de mes parents m'avait donnée pour M. de la Haye Paumier, qui demeure à Sées, afin d'en savoir des nouvelles. Elle est du trois de ce mois. Le traité ne fut signé que le treize, et j'aurais eu loisir d'en avoir réponse si je ne me fusse voulu arrêter à ce que cette dame en avait dit. Je fis hier voir cette lettre à M. de Boislecomte, et je vous la ferai voir si vous l'aimez assez pour honorer son mariage de votre présence. Quand j'eus l'honneur de vous voir ici, non seulement je vous assurai que je ne m'étais point informé plus avant de votre bien, mais je ne vous demandai pas même ce que c'en était. Je n'en ai rien demandé non plus à M. de Boislecomte, et si M. de Neus en a fait quelque information, ce n'a point été à ma prière. Je ne lui ai écrit que celle dont il vous a plu vous charger, où cette commission ne se trouvera point. Je n'en ai eu aucune nouvelle depuis, et il en est encore à me remercier de la part que je lui ai fait *(sic)* de ma joie. Le sieur du Fresne n'a pas eu plus d'ordre de moi ; je n'ai aucun commerce avec lui. Il est vrai que mon frère depuis longtemps a un entretien par lettres avec sa fille et je crois qu'il lui aura pu mander le bonheur de la mienne ; mais je vous proteste que je n'ai point su qu'il lui en ait écrit et que je n'en ai point eu la réponse. Les choses en sont si avancées qu'il faut plutôt en hâter la conclusion que chercher un prétexte à les rompre. Peut-être la mauvaise impression qu'on vous a voulu donner de moi vous peut faire penser que, ne pouvant fournir à mes promesses, je cherche à m'en dégager, mais vous me ferez la grâce s'il vous plaît de croire que je suis homme de parole. Bien que j'espère avoir ce qu'il me faut entre ci et Pâques, j'en prendrai en intérêt, puisque les sûretés que je vous ai proposées ne vous paraissent pas suffisantes. Il reste seulement que, comme je prétends vous donner une entière assurance par de l'argent comptant, vous me donniez aussi la mienne en reconnaissant le traité et en signant le reçu du dot de ma fille avec M. de Boislecomte, afin qu'il demeure constitué sur l'un et sur l'autre. Cela est porté par le traité, mais il ne suffit pas si vous ne signez le reçu ou que du moins vous consentiez que M. de Boislecomte le touche. Nous avons à craindre que la maladie de Mme de Clairefontaine ne nous prive du bien de vous voir. Si nous sommes assez malheureux pour cela, je vous supplie de nous donner vos ordres pour le choix du mariage et de nous renvoyer le traité signé de Madame votre femme et de Messieurs vos parents, où vous pourrez ajouter une reconnaissance de votre seing par devant notaires avec un consentement que M. de Boislecomte touche les dix mille cinq cents livres réservées pour le dot, accordant qu'il demeure constitué sur tous vos biens, tout ainsi que si vous l'aviez reçu et qu'il fût tourné à votre profit. Ces choses regardent plus loin que nos vies, et il est bon de les faire de sorte qu'elles ne puissent donner occasion de procès à ceux qui nous survivront. J'attends vos commandements là-dessus, et vous prie de choisir le jour, que je vous demande le plus tôt qu'il se pourra, car je vous avoue que voyant ce que je vois, il [*cela*] m'ennuie pour M. de Boislecomte. Au reste, Monsieur, je vous conjure d'être persuadé que j'estime l'honneur de votre alliance comme je le dois, et de ne m'estimer point capable de faire des informations à contretemps. Vous me ferez la grâce de les attribuer à la curiosité particulière de ceux qui les ont faites, et me ferez justice quand vous croirez que je suis de tout mon cœur, Monsieur votre très humble et très affectionné serviteur. — Corneille.

P. S. — Avec votre permission je présenterai mes très humbles respects et ceux de ma femme à Mme de Clairefontaine, à qui nous souhaitons une parfaite santé. Nous saluons M. votre Abbé et Mesdemoiselles vos filles, que j'ai grande impatience de voir pour leur offrir mes services.

On rapprochera de cette lettre telle scène de La Toison d'Or, *écrite* 2 *ou* 3 *ans plus tôt : Corneille pouvait penser déjà à marier sa fille. (A-t-il vraiment voulu donner au roi Aaete, père de Médée, cette figure de papa Normand, soupçonneux et finaud ?)*

AAETE

Je vous devais assez pour vous donner Médée,
Jason ; et si tantôt vous l'aviez demandée,
Si vous m'aviez parlé comme vous me parlez,
Vous auriez obtenu le bien que vous voulez.
Mais en est-il saison au jour d'une conquête
Qui doit faire tomber mon trône ou votre tête ?
Et, vous puis-je accepter pour gendre et vous chérir,
S'il vous faut dans une heure ou me perdre ou périr ?
Prétendre à la toison par l'hymen de ma fille,
C'est pour m'assassiner s'unir à ma famille [...]
Allez porter vos vœux à qui vous les devez :
Hypsipyle vous aime, elle est reine, elle est belle ;
Fuyez notre vengeance, et régnez avec elle.

JASON

Quoi ? parler de vengeance, et d'un œil de courroux
Voir l'immuable ardeur de m'attacher à vous !
Vous présumer perdu sur la foi d'un scrupule
Qu'embrasse aveuglément votre âme trop crédule,
Comme si sur la peau d'un chétif animal

Le ciel avait écrit tout votre sort fatal !
Ce que l'ombre a prédit, si vous daignez l'entendre,
Ne met aucun obstacle aux prières d'un gendre.
Me donner la Princesse, et pour dot la toison,
Ce n'est que l'assurer dedans votre maison,
Puisque par les doux nœuds de ce bonheur suprême
Je deviendrai soudain une part de vous-même,
Et que ce même bras qui vous a pu sauver
Sera toujours armé pour vous la conserver.

Aaete

Vous prenez un peu tard une mauvaise adresse.
Nos esprits sont plus lourds que ceux de votre Grèce ;
Mais j'ai d'assez bons yeux, dans un si juste effroi,
Pour démêler sans peine un gendre d'avec moi.
Je sais que l'union d'un époux à ma fille
De mon sang et du sien forme une autre famille,
Et que si de moi-même elle fait quelque part,
Cette part de moi-même a ses destins à part.
    Ce que l'ombre a prédit se fait assez entendre.
Cessez de vous forcer à devenir mon gendre ;
Ce serait un honneur qui ne vous plairait pas,
Puisque la toison seule a pour vous des appas.

*Quand « l'honneur » de la famille Corneille est en cause
(ou l'art de faire agir ses relations) :*

... Je me suis enhardi à vous écrire en faveur d'un de
mes parents qui porte même nom que moi et est mon
cousin germain. Il a été lâchement outragé par le fils de
M. du Mesnil Haudrey, son voisin au pays, qui est premier
capitaine au régiment de Grammont, et par conséquent
tire sa plus forte recommandation de l'hôtel de Grammont.
Je sais le pouvoir que vous y avez... Ils étaient d'accord
pour les intérêts civils et ses parties ont voulu longtemps
remettre à moi seul la satisfaction d'honneur ; je n'ai pas
voulu m'en charger seul, et ait fait en sorte qu'ils ont
nommé un gentilhomme de leurs amis, à l'avis duquel
j'ai passé pour pacifier les choses. On nous a dédit l'un
et l'autre à cause que nous avons trouvé à propos que
l'offensant demandât pardon à l'offensé, bien que nous
en ayons exténué la manière pour la rendre la plus douce
qu'il a été possible... L'outrage est grand, et intéresse
toute notre famille. Mon parent en poursuit la réparation

au conseil, et outre la ruine qu'un si long procès leur apportera, il a à craindre qu'ils ne se rencontrent. Ils sont tous deux gens de cœur et de main, et de plus, proches voisins, ce qui augmente le danger...

(A l'abbé de Pure, 9 juillet 1658.)

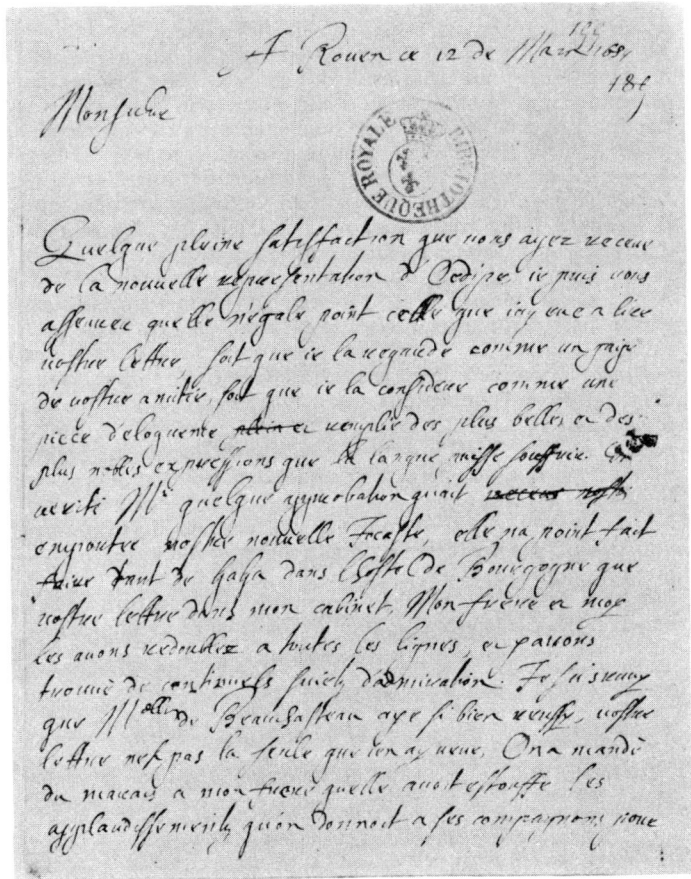

Première page d'une lettre de Corneille à l'abbé de Pure, du 12 mars 1659.

CORNEILLE

Un auteur dramatique chevronné, qui connaît à fond son monde du théâtre :

L'estime et l'amitié que j'ai depuis quelque temps pour Mlle Marotte [1] me fait vous avoir une obligation très singulière de la joie que vous m'avez donnée en m'apprenant son succès et les merveilles de son début. Je l'avais vue ici représenter Amalasonte, et en avais conçu une assez haute opinion pour en dire beaucoup de bien à M. de Guise quand il fut question, vers la mi-carême, de la faire entrer au Marais [...] Puisque MM. Boyer et Quinault sont convaincus de son mérite, je vous conjure de les obliger à me montrer bon exemple ; car outre que je serai bien aise d'avoir quelquefois mon tour à l'Hôtel, ainsi qu'eux, et que je ne puis manquer d'amitié à la reine Viriate [2], à qui j'ai tant d'obligation, le déménagement que je prépare pour me transporter à Paris me donne tant d'affaires, que je ne sais si j'aurai assez de liberté d'esprit pour mettre quelque chose cette année sur le théâtre. Ainsi, si ces Messieurs ne les secourent, ainsi que moi, il n'y a pas d'apparence que le Marais se rétablisse ; et quand la machine [3], qui est aux abois, sera tout à fait défunte, je trouve que ce théâtre ne sera pas en trop bonne posture. Je ne renonce pas aux acteurs qui le soutiennent ; mais aussi je ne veux point tourner le dos tout à fait à Messieurs de l'Hôtel [4], dont je n'ai aucun lieu de me plaindre, et où il n'y a rien à craindre quand une pièce est bonne. Ils aspirent tous à y entrer, et ils ne sont pas assez injustes pour exiger de moi un attachement qu'ils ne me voudraient pas promettre. Quelques-uns, à ce qu'on m'a dit, ont pensé passer au Palais Royal [5]. Je ne sais pas ce qui les a retenus au Marais ; mais je sais bien que ce n'a pas été pour l'amour de moi qu'ils y sont demeurés.

(A l'abbé de Pure, 9 juillet 1658.)

---

1. Nièce de la Beaupré.
2. Mlle des Œillets, de l'Hôtel de Bourgogne : créatrice de ce rôle dans *Sertorius.*
3. *La Toison d'or.*
4. Cf. Tallemant : « Par politique, car c'est un grand avare, il voulait qu'il y eût deux troupes ».
5. C-à-d. chez Molière.

Mondanités, ou quand le grand Corneille se laissait courtiser par les dames :

« *A Rouen, le 16 décembre 1659. — L'incomparable Sapho est suppliée de mander son avis à l'illustre Arpasie, touchant deux épigrammes faits pour une belle dame de sa connaissance, qui, par un accès d'estime, avait baisé la main gauche de l'auteur. Il y a partage pour juger lequel est le plus galant...*» (*Billet de « l'illustre Arpasie », la présidente de Martigny de Rouen.*)

Voici la première de ces épigrammes :

Mes deux mains à l'envi disputent de leur gloire,
    Et dans leurs sentiments jaloux
    Je ne sais ce que j'en dois croire.
    Philis, je m'en rapporte à vous ;
    Réglez mon avis par le vôtre.

    Vous savez leurs honneurs divers :
La droite a mis au jour un million de vers ;
Mais votre belle bouche a daigné baiser l'autre.
Adorable Philis, peut-on mieux décider.
    Que la droite lui doit céder ?

Et voici le jugement rendu par l'incomparable Sapho (Mlle de Scudéry) :

    « *Si vous parlez sincèrement*
Lorsque vous préférez la main gauche à la droite,
De votre jugement je suis mal satisfaite ;
Le baiser le plus doux ne dure qu'un moment ;
Un million de vers dure éternellement,
    Quand ils sont beaux comme les vôtres ;
    Mais vous parlez comme un amant,
    Et peut-être comme un normand :
    Vendez vos coquilles à d'autres. »

Modestie de Corneille ? Les Vers au cardinal Mazarin publiés avec Pompée *sont précédés de cette petite note :*

Cette pièce, quoique faite à la hâte, a eu le bonheur de plaire assez à un homme savant pour ne dédaigner pas de perdre une heure à donner une meilleure forme à mes pensées, et les faire passer dans cette langue illustre qui sert de truchement à tous les savants de l'Europe. Je te donne ici l'un et l'autre, afin que tu voies et ma gloire et ma honte. Il m'est extrêmement glorieux qu'un esprit de cette trempe ait assez considéré mon ouvrage pour le vouloir traduire ; mais il m'est presque aussi honteux de voir ses expressions tellement au-dessus des miennes, qu'il semble que ce soit un maître qui ait voulu mettre en lustre les petits efforts de son écolier. C'est une honte toutefois qui m'est très avantageuse ; et si j'en rougis, c'est de me voir infiniment son redevable. L'obligation que je lui en ai est d'autant plus grande qu'il m'a fait cet honneur sans que j'aie celui de le connaître, ni d'être connu de lui.

Le poète, si orgueilleux en face de ses pairs, s'effaçait humblement derrière d'obscurs régents de collège. Admirait-il sincèrement le talent scolaire du jeune Père de la Rue qu'il patronne avec chaleur en tête de son Poème sur les victoires du Roi *de 1667 ? Ce texte prouve du moins qu'il ne se faisait pas d'illusion sur la valeur de son propre travail, morceau d'apparat avec tous les défauts d'une commande officielle :*

Quelque favorable accueil que Sa Majesté ait daigné faire à cet ouvrage, et quelques applaudissements que la cour lui ait prodigués, je n'en dois pas faire grande vanité, puisque je n'en suis que le traducteur. Mais dans une si belle occasion de faire éclater la gloire du Roi, je n'ai point considéré la mienne : mon zèle est plus fort que mon ambition ; et pourvu que je puisse satisfaire en quelque sorte aux devoirs d'un sujet fidèle et passionné, il m'importe peu du reste. Le public m'aura du moins l'obligation d'avoir déterré ce trésor, qui, sans moi, serait demeuré enseveli sous la poussière d'un collège ; et j'ai été bien aise de pouvoir donner par là quelque marque de reconnaissance aux soins que les Pères Jésuites ont pris d'instruire ma jeunesse et celle de mes enfants et à l'amitié particulière dont m'honore l'auteur de ce panégyrique.

Naïveté et rouerie. Lettre du 28 mai 1650 au grand humaniste Huyghens (M. de Zuylichen) :

... A ne rien déguiser, je sais bien que je parle le langage d'Aristote dans le mauvais discours que je vous en fais (*l'Épître de Don Sanche*), mais je ne sais pas si je l'entends bien ni si les conséquences que j'en tire sont justes. Dans cette incertitude j'ai voulu seulement éblouir les peuples par l'autorité de votre nom, et comme ils savent qu'on ne

vous peut surprendre, j'ai cru qu'ils se persuaderont aisément que toutes mes raisons sont de mise, quand ils ver-
ront que j'ose vous en faire le juge. Vous m'apprendrez
quand il vous plaira si j'ai bien rencontré [...]

Un disciple de Montaigne

Je n'examine point si c'est à Jean Gerson, ou à Thomas
a Kempis, que l'Église est redevable d'un livre si précieux ; cette question a été agitée de part et d'autre avec
beaucoup d'esprit et de doctrine, et, si je ne me trompe,
avec un peu de chaleur : ceux qui voudront en être particulièrement éclairés pourront consulter ce qu'on a publié
de part et d'autre sur ce sujet. Messieurs des requêtes du
parlement de Paris ont prononcé en faveur de Thomas a
Kempis ; et nous pouvons nous en tenir à leur jugement,
jusqu'à ce que l'autre parti en ait fait donner un contraire.
*(Traduction de l'*Imitation, *Préface.)*

*En dépit de sa piété, si sincère, il lui échappe des traits qui
font pressentir l'*Histoire des Oracles *de son neveu Fontenelle
et l'esprit incrédule du siècle suivant. Même dans* Polyeucte
(le passage entre crochets a été supprimé en 1660*) :*
Nous en avons beaucoup pour être de vrais Dieux.
[Peut-être qu'après tout ces croyances publiques
Ne sont qu'inventions de sages politiques
Pour contenir un peuple ou bien pour l'émouvoir
Et dessus sa faiblesse affermir leur pouvoir.] *(IV, 6)*

Autre exemple (Psyché, II, 4)*; et même début :* Peut-être
que...

Peut-être qu'un rival a dicté cet oracle,
Que l'or a fait parler celui qui l'a rendu :
    Ce ne serait pas un miracle
Que pour un Dieu muet un homme eût répondu,
Et dans tous les climats on n'a que trop d'exemples
Qu'il est ainsi qu'ailleurs des méchants dans les temples.

*Sur l'influence de Montaigne, voici l'une des pages les plus
révélatrices de la pensée de Corneille. C'est l'Épître qui
sert de préface à* La Suivante (1637) *:*

EPISTRE.

ONSIEVR,

Je vous presente vne Comedie qui n'a pas esté également aymée de toutes sortes d'esprits: beaucoup, & de fort bons, n'en ont pas fait grand estat, & beaucoup d'autres l'ont mise au dessus du reste des miennes. Pour moy, ie laisse dire tout le monde, et fay mon profit des bons aduis, de quelque part que ie les reçoiue. Ie traite toujours mon sujet le moins mal qu'il m'est possible, & apres y auoir corrigé ce qu'on m'y fait connoistre d'inexcusable, ie l'abandonne au public. Si ie ne fay bien, qu'vn autre face mieux, ie feray des vers à sa loüange au lieu de le censurer. Chacun a sa methode, ie ne blasme point celle des autres, & me tiens à la mienne: iusques à present ie m'en suis trouué fort bien, i'en chercheray vne meilleure,

CORNEILLE

[Suite de l'*Épître* dont le début est reproduit ci-contre :]

...quand je commencerai à m'en trouver mal. Ceux qui se font presser à la représentation de mes ouvrages m'obligent infiniment ; ceux qui ne les approuvent pas peuvent se dispenser d'y venir gagner la migraine ; ils épargneront de l'argent et me feront plaisir. Les jugements sont libres en ces matières et les goûts divers. J'ai vu des personnes de fort bon sens admirer des endroits sur qui j'aurais passé l'éponge, et j'en connais dont les poèmes réussissent au théâtre avec éclat, et qui pour principaux ornements y emploient des choses que j'évite dans les miens. Ils pensent avoir raison, et moi aussi : qui d'eux ou de moi se trompe, c'est ce qui n'est pas aisé à juger. Chez les philosophes, tout ce qui n'est point de la foi ni des principes est disputable ; et souvent ils soutiendront, à votre choix, le pour et le contre d'une même proposition : marques certaines de l'excellence de l'esprit humain, qui trouve des raisons à défendre tout ; ou plutôt de sa faiblesse, qui n'en peut trouver de convaincantes, ni qui ne puissent être combattues et détruites par de contraires. Ainsi ce n'est pas merveille si les critiques donnent de mauvaises interprétations à nos vers, et de mauvaises faces à nos personnages. « Qu'on me donne (dit M. de Montaigne, au chapitre 36 du premier livre) l'action la plus excellente et pure, je m'en vais y fournir vraisemblablement cinquante vicieuses intentions. » C'est au lecteur désintéressé à prendre la médaille par le beau revers. Comme il nous a quelque obligation d'avoir travaillé à le divertir, j'ose dire que pour reconnaissance il nous doit un peu de faveur, et qu'il commet une espèce d'ingratitude, s'il ne se montre plus ingénieux à nous défendre qu'à nous condamner, et s'il n'applique la subtilité de son esprit plutôt à colorer et justifier en quelque sorte nos véritables défauts, qu'à en trouver où il n'y en a point.

Conclusion (qui va loin) : un texte peut toujours s'interpréter de différentes manières.

Nos vers disent souvent plus qu'ils ne pensent dire ;
Et ce feu qui sans nous pousse les plus parfaits
Ne nous explique pas tout ce qu'il fait par eux.
(Remerciement au Cardinal Mazarin, 1644.*)*

Habileté de courtisan ? Certes, car voici la suite :

Quand j'ai peint un Horace, un Auguste, un Pompée,
Assez heureusement ma Muse s'est trompée,
Puisque sans le savoir avecque leur portrait
Elle tirait du tien un admirable trait.

Tout comme l'Épître de La Suivante *était surtout moyen adroit d'éluder la critique : Corneille n'était pas pour rien juriste et Normand. Mais, là aussi, prenons la médaille « par le beau revers » : les petits côtés d'un grand poète ne sont que l'envers de son génie. Seul de son siècle, semble-t-il, Corneille a entrevu que la poésie vit d'indécision et de mystère, que les plus belles œuvres gardent quelque chose d'inachevé et laissent la porte ouverte sur tous les possibles.*

On lui avait reproché de n'avoir pas fini sa Sophonisbe, *comme Mairet autrefois, par le suicide de Massinisse :*

Que sait-on si la prudence de Scipion n'avait point donné de si bons ordres, qu'aucun de ces emportements ne fût en son pouvoir ? Je le marque assez pour en faire naître quelque pensée en l'esprit de l'auditeur judicieux et désintéressé, dont je laisse l'imagination libre sur cet article. S'il aime les héros fabuleux, il croira que Lélius et Eryxe, entrant dans le camp, y trouveront celui-ci mort de douleur, ou de sa main. Si les vérités lui plaisent davantage, il ne fera aucun doute qu'il ne s'y soit consolé aussi aisément que l'histoire nous en assure. » *(Préface de* Sophonisbe.*)*

Approuvait-il Alidor, le héros de La Place Royale *? Oui, semble d'abord répondre la préface (*A Monsieur***) :*

C'est de vous que j'ai appris que l'amour d'un honnête homme doit être toujours volontaire, qu'on ne doit jamais aimer en un point qu'on puisse n'aimer pas, que si on en vient jusque-là, c'est une tyrannie dont il faut secouer le joug...

Non, répond au contraire la fin de la même épître :

Un poète n'est jamais garant des fantaisies qu'il donne à ses acteurs ; et si les dames trouvent ici quelques discours qui les blessent, je les supplie de se souvenir que j'appelle extravagant celui dont ils partent.

Il n'a voulu fâcher ni les philosophes ni les dames, et surtout il ne sait lui-même s'il admire ou blâme son héros. Et pourquoi choisir ? La vie n'est pas si simple, et Corneille ne l'est jamais.

Peut-être aussi n'était-il pas fâché de déconcerter un peu par la désinvolture de ses contradictions. On a vu le ton cavalier de la préface de La Suivante. *Voici, dans le premier livre qu'il donna au public, la note qui précède les vers de jeunesse imprimés à la suite de* Clitandre *:*

AU LECTEUR

Quelques-unes de ces pièces te déplairont ; sache aussi que je ne les justifie pas toutes, et que je ne les donne qu'à l'importunité du libraire, pour grossir son livre. Je ne crois pas cette tragi-comédie si mauvaise que je me tienne obligé de te récompenser par trois ou quatre bons sonnets.

On pense au Musset de Namouna. *Ce ton disparaîtra après* 1637 *; mais il gardera longtemps un certain goût de piquer la curiosité, d'intriguer le lecteur, presque de le mystifier. Le chef-d'œuvre du genre est la dédicace d'*Andromède *(* 1651 *) :*

A M. M. M. M.

Madame, c'est vous rendre un hommage bien secret que de vous le rendre ainsi, et je m'assure que vous aurez de la peine vous-même à reconnaître que c'est vous à qui je dédie cet ouvrage. Ces quatre lettres hiéroglyphiques vous embarrasseront aussi bien que les autres, et vous ne vous apercevrez jamais qu'elles parlent de vous, jusqu'à ce que je vous les explique ; alors vous m'avouerez sans doute que je suis fort exact à ma parole, et fort ponctuel à l'exécution de vos commandements. Vous l'avez voulu, et j'obéis ; je vous l'ai promis, et je m'acquitte. C'est peut-être vous en dire trop pour un homme qui se veut cacher quelque temps à vous-même ; et pour peu que vous fassiez de réflexion sur mes dernières visites, vous devinerez à demi que c'est à vous que ce compliment s'adresse. N'achevez pas, je vous prie, et laissez-moi la joie de vous surprendre par la confidence que je vous en dois. Je vous en conjure par tout le mérite de mon obéissance, et ne vous dis point en quoi les belles qualités d'Andromède approchent de vos perfections, ni quel rapport ses aventures ont avec les vôtres ; ce serait vous faire un miroir où vous vous verriez trop aisément, et vous ne pourriez plus rien ignorer de ce que j'ai à vous dire.

Même dans le genre sérieux, il cultive systématiquement le clair-obscur : son principe est qu'il faut exercer l'ingéniosité du public et lui laisser beaucoup à deviner. Allusions à l'actualité, qu'il faut savoir démêler du tissu de la fable :

> L'œil se peut-il fixer sur la vérité nue ?
> Elle a trop de brillant pour arrêter la vue ;
> Et telle qu'un éclair qui ne fait qu'éblouir,
> Elle échappe aussitôt qu'on présume en jouir.
> La Fable, qui la couvre, allume, presse, irrite
> L'ingénieuse ardeur d'en voir tout le mérite :
> L'art d'en montrer le prix consiste à le cacher,
> Et sa beauté redouble à se faire chercher.

(Défense des fables, 1669.)

Il compte sur l'intelligence de son public pour démêler l'équivoque, le mensonge qui règnent partout dans son théâtre, où c'est à qui jouera au plus fin avec l'autre :

Le plus beau de leurs entretiens est en équivoques, et en propositions dont ils te laissent les conséquences à tirer. Si tu en pénètres bien le sens, l'artifice ne t'en déplaira point. *(Avertissement de* La Veuve, *1634.)*

Il arrive cependant que le public ne comprenne pas. Alors Corneille se fâche :

Les protestations d'amour que semble lui faire Massinisse au commencement de leur premier entretien ne sont qu'un équivoque, dont le sens caché regarde cette autre reine. Ce qu'elle y répond fait voir qu'elle s'y méprend la première ; et tant d'autres ont voulu s'y méprendre après elle, que je me suis cru obligé de vous en avertir. *(Avertissement de* Sophonisbe, *1663.)*

La complexité d'intrigue de ses pièces relève du même principe.

Nous nous en sommes dispensés depuis quelque temps [*de faire précéder la pièce imprimée d'un résumé ou « argument »*], et avons cru que nous ne devions pas davantage aux lecteurs qu'aux spectateurs, que nous convions à leur représentation sans leur en donner aucune lumière. Ce n'est pas qu'il n'y ait des pièces d'une espèce si intriquée qu'il échappe beaucoup de choses à la première représentation et à la première lecture faute d'un tel secours, mais nous avons estimé cela avantageux pour ceux qui les voient et pour ceux qui les lisent, puisqu'il est cause que l'ouvrage a pour eux la grâce de la nouveauté plus d'une fois, leur laissant, à la première, le plaisir entier de la surprise que font les événements, et réservant pour l'autre celui que leur donne l'intelligence de ce qu'ils n'ont pas bien compris à l'abord.

(A M. de Zuylichen, 28 mai 1650.)

Soucieux avant tout, à la scène, de ménager les effets de surprise (impératif catégorique de son théâtre), il veut aussi que le lecteur avisé puisse, après coup, voir venir la chose de loin : mais il faut lire le texte de très près.

« Voilà deux vers qu'une personne comme vous, qui croit savoir toutes les délicatesses du Théâtre, ne devait pas laisser passer sans les examiner », répond, à une critique de d'Aubignac sur Sertorius, *de Visé, porte-parole de l'auteur. « C'est ce qui s'appelle préparer les incidents sans les faire prévoir... Avouez la vérité, Monsieur, vous ne vous étiez pas aperçu de cette adresse. » Et ailleurs : « Si vous aviez bien lu* Sertorius...»

Oui, il faut avoir de bons yeux : parfois le changement d'un seul mot contient toute l'explication d'un caractère (nous l'avons montré pour Horace). Il est bon de savoir que Corneille le voulait ainsi.

Bec et ongles

Ses personnages ont le génie de la réplique. Lui aussi. Le plus souvent sans avoir l'air d'y toucher.

Entre autres griefs contre sa Sophonisbe, *d'Aubignac lui reprochait d'avoir repris un sujet traité par Mairet ; Corneille, dans sa préface, allègue de nombreux exemples de sujets de tragédie traités successivement par plusieurs poètes, parmi lesquels, innocemment glissé, celui-ci :*

Le grand éclat que M. de Scudéry a donné à sa *Didon* n'a point empêché que M. de Boisrobert n'en ait fait voir une autre trois ou quatre ans après, sur une disposition qui lui en avait été donnée, à ce qu'il disait, par M. l'abbé d'Aubignac.

*Tandis que, sans se presser, il travaillait à sa traduction
de l'*Imitation, *le succès des premiers fragments publiés
incita Desmarets à le concurrencer en fabriquant en hâte
une traduction complète qui parut en 1654, deux ans avant
que fût achevée celle de Corneille, avec cette excuse en style
de Tartuffe : «Bien qu'il soit non seulement permis, mais
louable de travailler à l'envi pour imiter ce bel ouvrage de
l'Imitation de J.-C., puisque l'on doit bien à l'envi imiter
J.-C. même, je n'eusse jamais eu la pensée de faire cette traduction en vers, sachant qu'elle avait été entreprise et déjà
fort avancée par un homme de rare mérite et de grande réputation. Mais il a plu à Dieu de m'y engager insensiblement
par sa bonté divine pour me faire goûter la merveilleuse
doctrine de ce livre. » Etc... Corneille ne broncha pas ; mais
en 1656, publiant la 1re édition complète de sa traduction,
il ajoutait à la fin de sa préface cette délicate rosserie :*

J'avais promis à quelques personnes dévotes de joindre
à cette traduction celle du « Combat Spirituel » [*n'en croyons
rien*] ; mais je les supplie de trouver bon que je retire ma
parole. Puisque j'ai été prévenu dans ce dessein par une
des plus belles plumes de la Cour [*l'intarissable Desmarets
était aussi l'auteur d'une traduction versifiée du* Combat
Spirituel], il est juste de lui en laisser toute la gloire. Je
n'ignore pas que les livres sont des trésors publics où
chacun peut mettre la main ; mais le premier qui s'en
saisit pour les traduire semble se les approprier en quelque
façon, et on ne peut plus s'y engager sans lui faire un
secret reproche de n'y avoir pas bien réussi et promettre
de s'en acquitter plus dignement.

*De la même encre, mais sur une matière moins personnelle,
la foudroyante riposte à Nicole et aux Jansénistes dans la
Préface d'*Attila :
Au reste on m'a pressé de répondre ici par occasion
aux invectives qu'on a publiées depuis quelque temps
contre la comédie ; mais je me contenterai d'en dire deux
choses, pour fermer la bouche à ces ennemis d'un divertissement si honnête et si utile : l'une, que je soumets tout
ce que j'ai fait et ferai à l'avenir à la censure des puissances tant ecclésiastiques que séculières, sous lesquelles
Dieu me fait vivre : je ne sais s'ils en voudraient faire
autant ; l'autre, que la comédie est assez justifiée par cette

célèbre traduction de la moitié de celles de Térence, que des personnes d'une piété exemplaire et rigide[1] ont donnée au public, et ne l'auraient jamais fait, si elles n'eussent jugé qu'on peut innocemment mettre sur la scène des filles engrossées par leurs amants, et des marchands d'esclaves à prostituer. La nôtre ne souffre point de tels ornements...

Froide et cinglante ironie qui se retrouve dans un grand nombre de ses personnages, et c'est un des talents qui expliquent le succès de ses pièces. Gilles Boileau lui écrivait (en 1657) : « Je n'ignore pas que, comme la médisance est indigne de tout honnête homme, vous n'en soyez aussi incapable. Mais pour la raillerie qui chatouille et qui pique sans égratigner, je sais qu'elle règne dans la plupart de vos comédies, que vous vous en servez fort ingénieusement et que vous êtes trop jaloux de votre réputation pour y renoncer. »

« L'esprit bourru de M. Corneille »

Sans égratigner ? Ce n'était pas l'avis de Mairet ni de ses amis au temps de la querelle du Cid *: « Ventre d'un âne, M. Corneille, qu'il est dangereux d'être mal avec vous !... Si on veut vous passer la main dans le dos, vous égratignez comme un chat sauvage... » (Apologie pour M. Mairet.) De quoi nous pouvons juger par le fameux Rondeau, écrit en riposte au pamphlet « L'auteur du vrai Cid espagnol à son traducteur français » :*

> Qu'il fasse mieux, ce jeune jouvencel,
> A qui le Cid donne tant de martel,
> Que d'entasser injure sur injure,
> Rimer de rage une lourde imposture,
> Et se cacher ainsi qu'un criminel.

> Chacun connaît son jaloux naturel,
> Le montre au doigt comme un fou solennel
> Et ne croit pas, en sa bonne écriture,
>   Qu'il fasse mieux.

---

1. Messieurs de Port-Royal.

Paris entier, ayant lu son cartel,
L'envoie au diable, et sa muse au bordel [1].
Moi, j'ai pitié des peines qu'il endure ;
Et comme ami je le prie et conjure,
S'il veut ternir un ouvrage immortel,
    Qu'il fasse mieux.

Omnibus invideas, livide ; nemo tibi.

Car lorsqu'il s'agissait de sa gloire ou de sa personne, il n'ironisait plus : il ruait. Nous avons vu Chapelain parler de l'humeur « bourrue » de Corneille. Elle éclate à plein dans les Stances *si peu aimables adressées à* Marquise *(1658) :*

Marquise, si mon visage
A quelques traits un peu vieux,
Souvenez-vous qu'à mon âge
Vous ne vaudrez guère mieux.

Le temps aux plus belles choses
Se plaît à faire un affront,
Et saura faner vos roses
Comme il a ridé mon front.

Le même cours des planètes
Règle nos jours et nos nuits :
On m'a vu ce que vous êtes ;
Vous serez ce que je suis.

Cependant j'ai quelques charmes
Qui sont assez éclatants
Pour n'avoir pas trop d'alarmes
De ces ravages du temps.

Vous en avez qu'on adore ;
Mais ceux que vous méprisez
Pourraient bien durer encore
Quand ceux-là seront usés.

Ils pourront sauver la gloire
Des yeux qui me semblent doux,
Et dans mille ans faire croire
Ce qu'il me plaira de vous.

---

1. Allusion aux *Galanteries du duc d'Ossone*, comédie plus que scabreuse de Mairet, qui venait d'être imprimée l'année précédente.

LAS MOCEDADES DEL CID.
DEL CID.
COMEDIA PRIMERA.

POR D. GVILLEM DE CASTRO.

Los que hablan en ella fon los figuientes.

El Rey D. Fernando.	Ximena Gomez hija del Conde.	Vn Maestro de armas del Principe.
La Reyna fu muger.	Arias Gonçalo.	D. Martin Gõçales
El Principe D. Sãcho.	Peranfules.	Vn Rey Moro.
La Infanta doña Vrraca.	Hernan Dias, y Bermudo Lain herma-	Quatro Moros.
Diego Laynez Padre del Cid.	nos de Cid.	Vn Pastor.
Rodrigo, el Cid.	Eluira criada de Xi-	Dos, o tres Pajes, y alguna otra gête de
El Conde Loçano.	mena Gomez.	acõpañamiento.

« Vous avez déclamé contre moi pour avoir tu le nom de l'auteur espagnol, bien que vous ne l'ayez appris que de moi et que vous sachiez fort bien que j'en ai porté l'original en sa langue à Monsieur le Cardinal votre maître et le mien. » (Lettre Apologétique de Corneille à Scudéry).

Chez cette race nouvelle
Où j'aurai quelque crédit,
Vous ne passerez pour belle
Qu'autant que je l'aurai dit.

Pensez-y, belle Marquise :
Quoiqu'un grison fasse effroi,
Il vaut bien qu'on le courtise,
Quand il est fait comme moi.

On comprend qu'il ait eu plus d'admirateurs que d'amis. Son orgueil hargneux et agressif ne devait guère lui attirer de sympathies. Voici la conclusion des trois Discours *de 1660 sur l'art dramatique :*

Quoi qu'il en soit voilà mes opinions, ou si vous voulez, mes hérésies touchant les principaux points de l'art ; et je ne sais point mieux accorder les règles anciennes avec les agréments modernes. Je ne doute point qu'il ne soit aisé d'en trouver de meilleurs moyens, et je serai tout prêt de les suivre lorsqu'on les aura mis en pratique aussi heureusement qu'on y a vu les miens.

Qui ne serait averti que cet « on » désigne d'Aubignac — auteur d'une Pratique *(toute théorique) du Théâtre — croirait à un défi rageur lancé au monde entier ; et le mot final, « les miens », sonne comme le cri de Médée : « Que vous reste-t-il ? — Moi » ou comme le dernier mot des* Stances à Marquise *: « Quand il est fait comme moi ».*
Orgueil de Corneille ou de ses héros, c'est tout un. « Il avait, dira Fontenelle, l'âme fière et indépendante, nulle souplesse, nul manège, ce qui l'a rendu très propre à peindre la vertu romaine et très peu propre à faire sa fortune. » Fontenelle idéalise son oncle, en ne voyant qu'une des faces de sa nature : nous verrons plus bas sa souplesse. Mais il est certain que la crânerie du héros cornélien est celle même de Corneille.

Mes pareils à deux fois ne se font pas connaître
Et pour leurs coups d'essai veulent des coups de maître.
Ces mots de Rodrigue, Corneille eût pu les prononcer pour son compte au lendemain de Mélite, *et l'avait presque fait :*

En tout cas elle est mon coup d'essai, et d'autres que moi ont intérêt à la défendre, puisque, si elle n'est pas bonne, celles qui sont demeurées au-dessous, doivent être fort mauvaises.

> Se pare qui voudra des noms de ses aïeux :
> Moi je ne veux porter que moi-même en tous lieux ;
> Je ne veux rien devoir à ceux qui m'ont fait naître,
> Et suis assez connu sans les faire connaître.
> Mais pour en quelque sorte obéir à vos lois,
> Seigneur, pour mes parents je nomme mes exploits :
> Ma valeur est ma race et mon bras est mon père [1].

*Est-ce don Sanche qui parle ainsi, ou le poète fils de ses œuvres ? Et comment n'en pas rapprocher le vers de l'*Excuse à Ariste *: « Je ne dois qu'à moi seul toute ma renommée », encore que le sens soit un peu différent (« à moi seul », ici, ne s'opposant pas aux ancêtres, mais à l'intrigue et aux protections).*

Comment encore ne pas penser, devant le procès d'Horace, à l'affaire du Cid *? L'auteur, à couvert sous le nom de son héros, lui prête les sentiments qu'il avait été contraint de taire devant Richelieu : la soumission respectueuse dont il n'osait se départir devant le puissant cardinal, se change ici en soumission insolente.*

LE ROI

Défendez-vous, Horace.

HORACE

> A quoi bon me défendre ?
> Vous savez l'action, vous la venez d'entendre,
> Ce que vous en croyez me doit être une loi.
> Sire, on se défend mal contre l'avis d'un roi,
> Et le plus innocent devient souvent coupable
> Quand aux yeux de son prince il paraît condamnable.

Horace est ici Corneille, n'en doutons pas : le découragement qui lui fait demander la mort avait presque été celui du poète après la querelle du Cid *; et même maintenant qu'il écrit* Horace, *il craint de ne plus retrouver jamais le succès du* Cid.

---

1. Emprunt (littéral) à don Quichotte ; ou simple rencontre?

L'honneur des premiers faits se perd par les seconds,
Et quand la renommée a passé l'ordinaire,
Si l'on n'en veut déchoir, il ne faut plus rien faire.
   Je ne vanterai point les exploits de mon bras ;
Votre Majesté, Sire, a vu mes trois combats :
Il est bien malaisé qu'un pareil les seconde,
Qu'une autre occasion à celle-ci réponde,
Et que tout mon courage, après de si grands coups,
Parvienne à des succès qui n'aillent au-dessous ;
Si bien que, pour laisser une illustre mémoire,
La mort seule aujourd'hui peut conserver ma gloire :
Encor la fallait-il sitôt que j'eus vaincu,
Puisque pour mon honneur j'ai déjà trop vécu.
Un homme tel que moi voit sa gloire ternie
Quand il tombe en péril de quelque ignominie...

Une voix, tout au fond de lui, lui murmure qu'il aurait mieux fait peut-être de quitter le théâtre :

Rome ne manque point de généreux guerriers ;
Assez d'autres sans moi soutiendront vos lauriers...

Chaque fois que Corneille abandonna le théâtre (après Le Cid, *après* Pertharite, *après* Attila*), on devine chez lui cette même rancune hautaine : assez d'autres sans moi serviront vos plaisirs.*

Fierté chagrine qui n'exclut pas la plus sincère modestie, dès qu'il se sent en confiance. Il avait refusé de corriger Horace *comme le lui conseillaient Chapelain et d'Aubignac, mais il demande des conseils à de Pure pour* Sertorius, *au P. Boulard pour l'*Imitation :

Car je suis de ceux qui ne se tiennent pas impeccables et qu'un avis particulier oblige autant qu'une censure publique offense. *(*1652 : *il avait encore sur le cœur les* Sentiments *de l'Académie, — quinze ans après !)*

Mélange de modestie sincère et de désir de se distinguer : le besoin de confesser à toute occasion sa vanité d'auteur.

26 ans, fin de la Préface de son premier livre, Clitandre :

... De sorte qu'en l'état où je donne cette pièce au public, je pense n'avoir rien de commun avec la plupart des écrivains modernes, qu'un peu de vanité que je témoigne ici.

31 *ans,* Excuse à Ariste :

> Ce trait est un peu vain, Ariste, je l'avoue ;
> Mais faut-il s'étonner d'un poète qui se loue ?
> ... Nous nous aimons un peu, c'est notre faible à tous
> Le prix que nous valons, qui le sait mieux que nous ?
> ... Je ne dois qu'à moi seul toute ma renommée,
> Et pense toutefois n'avoir pas de rival
> A qui je fasse tort en le traitant d'égal.
> Mais insensiblement je baille ici le change
> Et mon esprit s'égare en sa propre louange...

52 *ans, post-scriptum d'une lettre à l'abbé de Pure* :

Je vous envoie un méchant sonnet que je perdis hier au jeu contre une femme dont le visage et la voix valent bien quelque chose. C'est une bagatelle que j'ai brouillée ce matin. Vous en aurez la première copie. Il y a un peu de vanité d'auteur dans les six derniers vers.

Voici les vers en question :

> Recevez de la mienne [*de ma main*] après votre victoire
> Ce que pourrait un roi tenir à quelque gloire,
> Ce que les plus beaux yeux n'ont jamais dédaigné.
>
> Je vous en rends, Iris, un juste et prompt hommage.
> Hélas ! contentez-vous de me l'avoir gagné,
>   Sans en dérober davantage.

Péché mignon, aveux visiblement sans conséquence. Bientôt l'âge et la pensée de Dieu plus présente donneront aux mêmes réflexions un accent autrement sérieux : 59 ans, préface des Louanges de la Sainte Vierge :

Ce n'est pas sans beaucoup de confusion que je me sens un esprit si fécond pour les choses du monde, et si stérile pour celles de Dieu. Peut-être l'a-t-il ainsi voulu pour me donner d'autant plus de quoi m'humilier devant lui, et rabattre cette vanité si naturelle à ceux qui se mêlent d'écrire, quand ils ont eu quelque succès avantageux.

Humble confession publique dont on ne trouverait l'équivalent en ce siècle que dans le Discours de La Fontaine *à Mme de la Sablière, de près de 20 ans postérieur :*

> ... *Un vain bruit et l'amour ont partagé mes ans...*
> ... *Que me servent ces vers avec soin composés ?*
> *N'en attends-je autre fruit que de les voir prisés ?...*

Libre génie, besoin de n'obéir qu'à sa loi, perpétuelle recherche d'invention :

Que si l'on remarque des concurrences dans mes vers, qu'on ne les prenne pas pour des larcins. Je n'y en ai point laissé que j'aie connues, et j'ai toujours cru que, pour belle que fût une pensée, tomber en soupçon de la tenir d'un autre, c'est l'acheter plus qu'elle ne vaut. *(Préface de* Clitandre *; 26 ans.)*

*Ariste (le Père André, feuillant) lui ayant demandé des paroles pour une mélodie, il écrit l'*Excuse à Ariste. *Ma Muse, dit-il, ne saurait s'astreindre à cette besogne :*

Cent vers lui coûtent moins que deux mots de chanson...
Enfin cette prison déplaît à son génie...
Il ne se leurre point d'animer de beaux chants,
Et veut pour se produire avoir la clef des champs.

Il avait songé à répondre aux Sentiments de l'Académie *par une Défense du* Cid :

Je m'étais persuadé qu'un si illustre corps méritait bien que je lui rendisse compte des raisons sur lesquelles j'avais fondé la conduite et le choix de mon dessein; et pour cela je forçais extrêmement mon humeur, qui n'est pas d'écrire en ce genre, et d'éventer les secrets de plaire que je puis avoir trouvés dans mon art.

Jaloux de ses secrets, il essaie les expériences dramatiques les plus audacieuses, afin de décourager les imitateurs. Examen de L'Illusion comique :

Tout cela cousu ensemble fait une comédie dont l'action n'a pour durée que celle de sa représentation, mais sur quoi il ne serait pas sûr de prendre exemple. Les caprices de cette nature ne se hasardent qu'une fois; et quand l'original aurait passé pour merveilleux, la copie n'en peut jamais rien valoir.

Après le triomphe de Nicomède :

Voici une pièce d'une constitution assez extraordinaire... Il est bon de hasarder un peu et de ne s'attacher pas toujours si servilement aux préceptes de l'art, ne fût-ce que pour pratiquer celui de notre Horace :

Et mihi res, non me rebus submittere conor [1]
mais il faut que l'événement justifie cette hardiesse ;
et dans une liberté de cette nature on demeure coupable,
à moins que d'être fort heureux.

*Même déclaration, sur un ton plus modeste, après l'échec
d'*Agésilas :

Leurs règles [*celles des Anciens*] sont bonnes ; mais
leur méthode n'est pas de notre siècle ; et qui s'attacherait
à ne marcher que sur leurs pas, ferait sans doute peu de
progrès, et divertirait mal son auditoire. On court, à la
vérité, quelque risque de s'égarer, et même on s'égare
assez souvent, quand on s'écarte du chemin battu ; mais
on ne s'égare pas toutes les fois qu'on s'en écarte : quelques-
uns en arrivent plus tôt où ils prétendent, et chacun peut
hasarder à ses périls.

Ainsi, tant de personnages cornéliens :

... Chacun à ses périls peut suivre sa fortune...

... Pour remonter au trône on peut tout hasarder.

Laissez m'en, quoi qu'il fasse, ou la gloire ou la honte,
Puisque ce n'est qu'à moi que j'en dois rendre compte...
                    [*Rodelinde, dans* Pertharite.]

Courbettes

*Hardiesses toutes littéraires : il savait baisser pavillon
devant les puissances. Lettre à Boisrobert du* 23 *décembre*
1637 :

... Mais maintenant que vous me conseillez de n'y
répondre point [*aux* Sentiments de l'Académie], vu les
personnes qui s'en sont mêlées, il ne me faut point d'inter-
prète pour entendre cela ; je suis un peu plus de ce monde
qu'Héliodore, qui aima mieux perdre son évêché que son
livre, et j'aime mieux les bonnes grâces de mon maître
que toutes les réputations de la terre : je me tairai donc,
non point par mépris, mais par respect...

---

1. De ce vers, déjà traduit dans la préface de *Clitandre*, Corneille
avait-il fait, comme on l'a dit, la devise de son blason ? Nous n'avons
pu le vérifier.

Je vous conjure de ne montrer point ma lettre à Monseigneur, si vous jugez qu'il me soit échappé quelque mot
qui puisse être mal reçu de Son Éminence.

*Il est certain que Richelieu ne se douta jamais de la ran-
cune que le poète lui garda après l'affaire du Cid. Il est même
permis de se demander si tout est mensonge dans les humbles
déclarations de la dédicace d'*Horace *: sinon, Corneille ne
devait-il pas craindre qu'elles ne fussent interprétées comme
d'outrageantes railleries ? Le sujet d'*Horace *méritait,
dit-il, d'être traité par une «* main plus savante *» que la
sienne. Sa muse n'est qu'une «* Muse de Province *» :*

... une muse de province qui, n'étant pas assez heureuse
pour jouir souvent des regards de Votre Éminence, n'a
pas les mêmes lumières à se conduire qu'ont celles qui
en sont continuellement éclairées. Et certes, Monseigneur,
ce changement visible qu'on remarque en mes ouvrages
depuis que j'ai l'honneur d'être à Votre Éminence, qu'est-ce
autre chose qu'un effet des grandes idées qu'elle m'inspire quand elle daigne souffrir que je lui rende mes devoirs ;
et à quoi peut-on attribuer ce qui s'y mêle de mauvais,
qu'aux teintures grossières que je reprends quand je
demeure abandonné à ma propre faiblesse ? Il faut,
Monseigneur, que tous ceux qui donnent leurs veilles au
théâtre publient hautement avec moi que nous vous avons
deux obligations très signalées : l'une, d'avoir ennobli le
but de l'art ; l'autre, de nous en avoir facilité les connaissances. Vous avez ennobli le but de l'art, puisque, au lieu
de celui de plaire au peuple que nous prescrivent nos
maîtres, [...] vous nous avez donné celui de vous plaire
et de vous divertir ; et qu'ainsi nous ne rendons pas un
petit service à l'État, puisque, contribuant à vos divertissements, nous contribuons à l'entretien d'une santé qui
lui est si précieuse et si nécessaire. Vous nous en avez facilité les connaissances, puisque nous n'avons plus besoin
d'autre étude pour les acquérir que d'attacher nos yeux
sur Votre Éminence quand elle honore de sa présence et
de son attention le récit de nos poèmes. C'est là que, lisant
sur son visage ce qui lui plaît et ce qui ne lui plaît pas, nous
nous instruisons avec certitude de ce qui est bon et de ce
qui est mauvais, et tirons des règles infaillibles de ce qu'il
faut suivre et de ce qu'il faut éviter ; c'est là que j'ai souvent
appris en deux heures ce que mes livres n'eussent pu m'ap-

Armand Jean du Plessis Cardinal Duc de Richelieu Pair de
France, grand Maistre chef & Sur-Intendant de la Nauigation
& Lieutenant general pour le Roy, au pays de Bretaigne
Boudan excud.

« ... *De la même main dont ce grand homme sapait les fondements de la monarchie d'Espagne
il a daigné jeter ceux de votre établissement et confier à vos soins la pureté d'une langue qu'il
voulait faire entendre et dominer par toute l'Europe.* » (Discours de réception à l'Académie
française, 1647).

prendre en dix ans ; c'est là que j'ai puisé ce qui m'a valu l'applaudissement du public ; et c'est là qu'avec votre faveur j'espère puiser assez pour être un jour une œuvre digne de vos mains. Ne trouvez donc pas mauvais, Monseigneur, que, pour vous remercier de ce que j'ai de réputation, dont je vous suis entièrement redevable, j'emprunte quatre vers d'un autre Horace que celui que je vous présente, et que je vous exprime par eux les plus véritables sentiments de mon âme.

> Totum muneris hoc tui est,
> Quod monstror digito prætereuntium
> Scenæ non levis artifex :
> Quod spiro et placeo, si placeo, tuum est.

Je n'ajouterai qu'une vérité à celle-ci, en vous suppliant de croire que je suis et serai toute ma vie très passionnément, Monseigneur, etc...

Du moins ne composa-t-il jamais de vers en l'honneur de Richelieu[1]. Ce qui lui permit d'écrire, avec une parfaite dignité, après la mort du Cardinal :

Armand, lorsque tes jours avaient ce haut éclat
Dont nous voyons partout briller tant de peintures,
Je ne suis point entré dans ce noble combat
Qu'allumait ta louange entre tes créatures.

J'en vois après ta mort par un noir attentat
Changer tout leur encens en lâches impostures,
J'en vois ou par un zèle ou par raison d'État
Affermir ton grand nom dans les races futures.

Moi, je n'étale point d'illustres déplaisirs,
D'ambitieux regrets ni de pompeux soupirs ;
Comme de ton vivant je m'obstine à me taire.

Et quand quelqu'un s'efforce à couronner ta mort,
J'estime son ardeur sans suivre son effort.
Et je dis qu'il fait bien, mais je pense mieux faire.

(Sonnet imprimé en 1647 dans le Trésor Chronologique et Historique *du P. Guillebaud, feuillant ; on sait les bonnes relations de Corneille avec cet Ordre.)*

---

1. Exception faite des vers latins de l'*Excusatio* (1633), antérieurs à sa condition de poète pensionné du Cardinal.

Et tout le monde connaît le quatrain qu'il se laissa attribuer en 1653 *dans l'*Histoire de l'Académie française *de Pélisson :*

Qu'on parle mal ou bien du fameux cardinal ;
Ma prose ni mes vers n'en diront jamais rien :
Il m'a fait trop de bien pour en dire du mal,
Il m'a fait trop de mal pour en dire du bien.

Plus fâcheux pour l'honneur de Corneille, les compliments énormes adressés à Mazarin au début de son ministère, sans aucune excuse cette fois d'admiration sincère. Une gratification de cent pistoles lui vaut d'être égalé à Auguste et, parce qu'il est né à Rome, il se voit comparé aux plus illustres Romains de l'Antiquité :

... Quand j'aurai peint encor tous ces vieux conquérants,
Les Scipions vainqueurs et les Catons mourants,
Les Pauls, les Fabiens, alors de tous ensemble
On en verra sortir un tout qui te ressemble.

*Le roi, sa mère
et Mazarin
habillés à l'antique.*

J'ai vécu si éloigné de la flatterie, que je pense être en possession de me faire croire quand je dis du bien de quelqu'un ; et lorsque je donne des louanges (ce qui m'arrive assez rarement), c'est avec tant de retenue, que je supprime toujours quantité de glorieuses vérités, pour ne me rendre pas suspect d'étaler de ces mensonges obligeants que beaucoup de nos modernes savent débiter de si bonne grâce...

Ces lignes ne sont pas les moins savoureuses de la fameuse dédicace de Cinna *au financier Montoron (antérieure d'un an aux vers ci-dessus). Il ne faut point taire ces petitesses ; sans elles Corneille ne serait pas Corneille : elles ne sont pas l'envers, mais une des composantes essentielles de son génie.*

*Pareillement son amour de l'argent. Plaidoyer en faveur du théâtre, dans l'*Illusion *; voici, à l'adresse d'un bourgeois dont le fils a « mal tourné », l'argument décisif :*

Le théâtre est un fief dont les rentes sont bonnes,
Et votre fils rencontre en un métier si doux
Plus d'accommodement qu'il n'eût trouvé chez vous...

Par un simple caprice ou pour les besoins de la cause, notre Normand dit le contraire l'année suivante dans son Excuse à Ariste *: les choses n'avaient pourtant pas changé en si peu de temps. Peu importe ; le point de vue reste le même : l'argent !*

Le Parnasse, autrefois dans la France adoré,
Faisait pour ses mignons un autre âge doré,
Notre fortune enflait du prix de nos caprices,
Et c'était une banque[1] à de bons bénéfices.
Mais elle est épuisée, et les vers à présent
Aux meilleurs du métier n'apportent que du vent...

Seize ans après (la Fronde, il est vrai, était passée par là : c'est une excuse), le poète, toujours famélique à l'en croire, montre la Poésie gémissante se plaignant à la Peinture que la Libéralité ait disparu de France :

Prépare tes pinceaux pour toutes les vertus...
La France en est féconde, et tes nobles travaux
En trouveront chez elle assez d'originaux ;
Mais n'en prépare pas pour la plus signalée,
Qu'on a depuis longtemps de la Cour exilée,
Pour celle qui départ le solide renom :

---

1. Le vrai texte porte : *blanque* (sorte de jeu de hasard).

Hélas ! j'en ai moi-même oublié jusqu'au nom,
Tant je vois rarement mes plus fameux ouvrages
Pouvoir s'enorgueillir de ses moindres suffrages...

Aussi, lorsqu'en 1659 *il se trouve enfin avoir part aux munificences de Fouquet, il ne peut se tenir de lâcher, au milieu de remerciements éperdus, le mot du cœur :*

... Et ce qu'on voit à peine après dix ans d'excuses,
Je t'ai vu tout d'un coup libéral pour les Muses...

Le chiffre vise Mazarin, toujours premier ministre ; mais Fouquet, maître des finances depuis six ans, en prend aussi pour son grade. Ainsi l'âge ne l'avait pas assoupli, ni l'habitude de plier l'échine : si timide en parole, la plume à la main quelques coups de boutoir lui échappaient parfois. Même au roi il osa un jour tenir (par écrit) ce franc langage digne de Marot (il s'agit toujours d'argent, mais pour son fils) :

PLACET AU ROI (1676)

Plaise au Roi ne plus oublier
Qu'il m'a depuis quatre ans promis un bénéfice,
Et qu'il avait chargé le feu Père Ferrier
De choisir un moment propice
Qui pût me donner lieu de l'en remercier.
Le Père est mort ; mais j'ose croire
Que si toujours Sa Majesté
Avait pour moi même bonté,
Le Père de la Chaise aurait plus de mémoire,
Et le ferait mieux souvenir
Qu'un grand roi ne promet que ce qu'il veut tenir.

Le prêtre de Louis

Il n'aurait jamais usé de cette rude franchise avec Richelieu ou Mazarin : parce qu'il ne les aima jamais. Mais Louis XIV était son dieu (après Dieu) et les dévots ont parfois de ces familiarités avec le Seigneur.

Mazarin pour sa libéralité avait été comparé à Auguste, Louis ne pouvait être comparé pour la sienne qu'à Dieu :

Ainsi du Dieu vivant la bonté surprenante
Verse, quand il lui plaît, sa grâce prévenante ;

Ainsi du haut des cieux il aime à départir
Des biens dont notre espoir n'osait nous avertir.
Comme ses moindres dons excèdent le mérite,
Cette même bonté seule l'en sollicite ;
Il ne consulte qu'elle, et, maître qu'il en est,
Sans devoir à personne, il donne à qui lui plaît.
Telles sont les faveurs que ta main nous partage,
Grand roi, du Roi des rois la plus parfaite image :
Tel est l'épanchement de tes nouveaux bienfaits ;
Il prévient l'espérance, il surprend les souhaits,
Il passe le mérite, et ta bonté suprême
Pour faire des heureux les choisit d'elle-même.

(Remerciement au Roi, 1663.)

*Réminiscence de l'*Imitation, *où Dieu parle ainsi de ses élus :*

... Je connais leur mérite et les ai prévenus
　　Par un épanchement de trésors inconnus...
... De toute éternité j'ai vu tout leur emploi,
　　Et j'ai fait choix d'eux tous et non pas eux de moi.

Une autre fois, s'adressant aux « ennemis de mon Roi, Flandre, Espagne, Allemagne », *il leur dit :*

Vous aviez espéré de voir par son absence
Nos troupes sans vigueur et nos murs sans défense ;
Mais vous n'aviez pas su qu'un courage si grand
De loin comme de près sur les siens se répand...
Les rois savent agir tout autrement que nous :
Souvent sans être en vue ils frappent de grands coups.
Dieu lui-même, ce Dieu dont ils sont les images,
De son trône en repos fait partir les orages
Et jouit dans le ciel de sa gloire et de soi,
Tandis que sur la terre il remplit tout d'effroi.
Mon prince en use ainsi ; ses fêtes de Versailles...

On ne sait ce que le jeune roi pensa de se voir comparer à Dieu : mensonges de poète, dut-il se dire et préférer à cette adoration écrasante l'aimable Remerciement *de Molière, dont voici la fin :*

Mais les grands princes n'aiment guère
Que les compliments qui sont courts.
Et le nôtre a bien d'autres affaires
Que d'écouter tous vos discours.
La louange et l'encens n'est pas ce qui le touche ;

Louis XIV à dix ans (d'après Simon Vouet vers 1648).

Dès que vous ouvrirez la bouche
Pour lui parler de grâce et de bienfait,
Il comprendra d'abord ce que vous voudrez dire,
Et se mettant doucement à sourire
D'un air qui sur les cœurs fait un charmant effet,
Il passera comme un trait,
Et cela doit vous suffire :
Voilà votre compliment fait.

Et pourtant, chez Corneille ce n'était ni sacrilège ni littérature. Il voyait vraiment dans le roi l'image de Dieu sur terre. Il l'avait dit dans Horace : [les dieux] descendent bien moins dans de si bas étage » [le peuple]

Que dans l'âme des rois, leurs vivantes images,
De qui l'indépendante et sainte autorité
Est un rayon secret de leur divinité.

Mais cette religion monarchiste était encore théorique et abstraite : avec Louis XIV il trouva son Dieu.
*Il aurait pu être son père ; le petit roi avait été nourri dans l'admiration du grand poète, et le grand poète avait prophétisé à Louis XIV enfant l'éclat futur de son règne. Le roi se souvenait d'avoir à onze ans entendu chanter, dans le Prologue d'*Andromède : LOUIS EST LE PLUS JEUNE ET LE PLUS GRAND DES ROIS, — *et des acteurs figurant Melpomène et le Soleil proclamer :*

Je lui montre Pompée, Alexandre et César,
Mais comme des héros attachés à son char...
Il en effacera les plus glorieux noms
Dès qu'il pourra lui-même animer son armée ;
Et tout ce que d'eux tous a dit la renommée
Te fera voir en lui le plus grand des Bourbons.
Son père et son aïeul tout rayonnants de gloire,
Ces grands rois qu'en tous lieux a suivis la Victoire,
Lui voyant emporter sur eux le premier rang,
En deviendraient jaloux, s'il n'était pas leur sang.

Ce n'était pas si mal prophétiser. Il le lui rappellera treize ans plus tard :

... Ton front le promettait et tes premiers miracles
Ont rempli hautement la foi de mes oracles...
Tout tremble, tout fléchit sous tes jeunes années ;
Tu portes en toi seul toutes les destinées...

Vingt-cinq ans : l'âge des héros. Tout lui sourit et, bientôt, la victoire :

Je l'ai vu dans la paix, je l'ai vu dans la guerre
Porter partout un front de maître de la terre,
J'ai vu plus d'une fois de fières nations
Désarmer son courroux par leurs soumissions.
J'ai vu tous les plaisirs de son âme héroïque
N'avoir rien que d'auguste et que de magnifique...
Je l'ai vu tout couvert de poudre et de fumée
Donner le grand exemple à toute son armée...

(Attila, II, 5.*)*

Mais attention aux faiblesses de l'amour ! Et le vieux poète lui murmure discrètement les sages conseils de Mentor :

Si de tels souvenirs ne me faisaient la guerre,
Serait-il potentat plus heureux sur la terre ?
Mon nom par la victoire est si bien affermi,
Qu'on me croit dans la paix un lion endormi.
Mon réveil incertain du monde fait l'étude ;
Mon repos en tous lieux jette l'inquiétude ;
Et, tandis qu'en ma cour les aimables loisirs
Ménagent l'heureux choix des jeux et des plaisirs,
Pour envoyer l'effroi sous l'un et l'autre pôle,
Je n'ai qu'à faire un pas, et hausser la parole.
Que de félicité, si mes vœux imprudents
N'étaient de mon pouvoir les seuls indépendants !
Maître de l'univers sans l'être de moi-même,
Je suis le seul rebelle à ce pouvoir suprême...

(Tite et Bérénice, II, 1.*)*

Cependant le poète gémit de n'être qu'un civil et un vieil homme qui ne peut prendre part au grand festival héroïque auprès de son héros chéri :

Tu reviens, ô mon roi ! tout couvert de lauriers ;
Les palmes à la main, tu nous rends nos guerriers ;
Et tes peuples, surpris et charmés de leur gloire,
Mêlent un peu d'envie à leurs chants de victoire.
Ils voudraient avoir vu comme eux aux champs de Mars
Ton auguste fierté guider tes étendards,
Avoir dompté comme eux l'Espagne en sa milice,
Réduit comme eux la Flandre à te faire justice,
Et su mieux prendre part à tant de murs forcés,
Que par des feux de joie et des vœux exaucés.

*Louis XIV à vingt-deux ans (à l'époque de son mariage),
par Charles Le Brun.*

Nos muses à leur tour, de même ardeur saisies,
Vont redoubler pour toi leurs nobles jalousies [...]
Elles diront quels soins, quels rudes exercices,
Quels travaux assidus étaient lors tes délices,
Quels secours aux blessés prodiguait ta bonté,
Quels exemples donnait ton intrépidité,
Quels rapides succès ont accru ton empire,
Et le diront bien mieux que je ne le puis dire.
C'est à moi de m'en taire, et ne pas avilir
L'honneur de ces lauriers que tu viens de cueillir.
De mon génie usé la chaleur amortie
A leur gloire immortelle est trop mal assortie... *(1667.)*

*Dix ans plus tard Corneille, maintenant bien vieux, trouve
des vers peut-être encore plus beaux pour dire au Roi qu'il
peut se reposer sur la valeur de ses troupes :*

... Quand on vient d'entasser victoire sur victoire
Un moment de repos fait mieux goûter la gloire ;
Et je te le redis, nous devenons jaloux
De ces mêmes bonheurs qui t'éloignent de nous...
S'il faut combattre encor, tu peux de ton Versailles
Forcer des bastions et gagner des batailles...
C'est de ton cabinet qu'il faut que tu contemples
Quel fruit tes ennemis tirent de tes exemples...
Passez, héros, passez, venez courir nos plaines ;
Égalez en six mois l'effet de six semaines :
Vous seriez assez forts pour en venir à bout,
Si vous ne trouviez pas notre grand roi partout.
Partout vous trouverez son âme et son courage,
Des chefs faits de sa main, formés sur son courage,
Pleins de sa haute idée, intrépides, vaillants,
Jamais presque assaillis, toujours presque assaillants ;
Partout de vrais Français, soldats dès leur enfance,
Attachés au devoir, prompts à l'obéissance ;
Partout enfin des cœurs qui savent aujourd'hui
Le faire partout craindre, et ne craindre que lui.
Sur le zèle, grand Roi, de ces âmes guerrières
Tu peux te reposer du soin de tes frontières...

« *Je n'ai jamais rien vu de plus beau, écrivait Saint-
Evremond de l'une de ces pièces* [celle de 1667]. *Si nous
avions un Poème* [c'est-à-dire une grande épopée] *de cette
force-là, je ne ferais pas grand cas des Homères, des Virgiles*

et des Tasses. Je mets entre les bonnes fortunes du Roi d'avoir un homme qui puisse parler si dignement de ses grandes actions. »

Un grand peintre d'histoire

Le vieil admirateur de Corneille saluait en lui le poète épique qui manquait toujours à la France. Dans ses tragédies il le fut d'une autre manière : par le don d'animer d'une vie prodigieuse les grandes figures de l'histoire. C'est de ce talent-là qu'il se glorifiait par-dessus tout, et il emploie pour le définir des mots qui font penser à Michelet :

... J'ai quelque art d'arracher les grands noms au tombeau,
   De leur rendre un destin plus durable et plus beau,
   De faire qu'après moi l'avenir s'en souvienne ;
   Le mien semble avoir droit à l'immortalité ;
   Mais ma gloire est autant au-dessous de la tienne,
   Que la fable en effet cède à la vérité.

écrivait-il à M. de Champion à l'occasion de son livre Les Hommes Illustres *(1657).*

   Et, plus magnifiquement, à Fouquet (1658) :

[Oui] je me trouve encor la main qui crayonna
   L'âme du grand Pompée et l'esprit de Cinna.
   Choisis-moi seulement quelque nom dans l'histoire
   Pour qui tu veuilles place au temple de la Gloire,
   Quelque nom favori qu'il te plaise arracher
   A la nuit de la tombe, aux cendres du bûcher.
   Soit qu'il faille ternir ceux d'Enée et d'Achille
   Par un noble attentat sur Homère et Virgile,
   Soit qu'il faille obscurcir par un dernier effort
   Ceux que j'ai sur la scène affranchis de la mort :
   Tu me verras le même...

   Souci de respecter la vérité des mœurs, de s'informer des coutumes et des lois des peuples anciens :

Ceux qui ont eu peine à souffrir que Sophonisbe eût deux maris vivants, ne se sont pas souvenus que les lois de Rome voulaient que le mariage se rompît par la captivité. Celles de Carthage nous sont fort peu connues ; mais il y a lieu de présumer, par l'exemple même de Sophonisbe, qu'elles étaient encore plus faciles à ces ruptures.

(Préface de Sophonisbe.*)*

Refus d'affadir ces grandes figures et d'en faire des héros de romans :

J'accorde qu'au lieu d'envoyer du poison à Sophonisbe, Massinisse devait soulever les troupes qu'il commandait dans l'armée, s'attaquer à la personne de Scipion, se faire blesser par ses gardes et tout percé de leurs coups venir rendre les derniers soupirs aux pieds de cette princesse : c'eût été un amant parfait, mais ce n'eût pas été Massinisse.

Il se fait une autre idée de la grandeur : force des passions, énergie du caractère, souplesse de l'intelligence politique, voilà ce qui fait les grands hommes. Nul poète ne fut plus éloigné d'un idéalisme bêlant et de croire que l'innocence suffit pour la vertu : génie éminemment réaliste, il savait qu'on ne fait pas de bonne politique avec de bons sentiments seulement.

Deux vieux renards de la politique discutent du choix d'un empereur : il leur en faut un qui les laisse prévariquer à leur aise. Othon, qui n'est pas un petit saint, en sait trop pour eux :

Il sait trop ménager ses vertus et ses vices.
Il était sous Néron de toutes ses délices :
Et la Lusitanie a vu ce même Othon
Gouverner en César et juger en Caton.
Tout favori dans Rome, et tout maître en province,
De lâche courtisan il s'y montra grand prince ;
Et son âme ployante, attendant l'avenir,
Sait faire également sa cour et la tenir.
Sous un tel souverain nous sommes peu de chose ;
Son soin jamais sur nous tout à fait ne repose :
Sa main seule départ ses libéralités ;
Son choix seul distribue États et dignités.
Du timon qu'il embrasse il se fait le seul guide,
Consulte et résout seul, écoute et seul décide ;
Et, quoi que nos emplois puissent faire de bruit,
Sitôt qu'il nous veut perdre, un coup d'œil nous détruit.

(Ceci fut écrit et joué en plein procès de Fouquet : le poète aussi savait pratiquer pour son compte un prudent opportunisme.) Pison au contraire :

Pison a l'âme simple et l'esprit abattu ;
S'il a grande naissance, il a peu de vertu ;
Non de cette vertu qui déteste le crime ;
Sa probité sévère est digne qu'on l'estime ;
Elle a tout ce qui fait un grand homme de bien :
Mais en un souverain, c'est peu de chose, ou rien.
Il faut de la prudence, il faut de la lumière,
Il faut de la vigueur adroite autant que fière,
Qui pénètre, éblouisse, et sème des appas...
Il faut mille vertus enfin qu'il n'aura pas.
Lui-même il nous priera d'avoir soin de l'empire,
Et saura seulement ce qu'il nous plaira dire :
Plus nous l'y tiendrons bas, plus il nous mettra haut ;
Et c'est là justement le maître qu'il nous faut.

Mais, au moins aussi réalistes que celles de Racine, les peintures politiques de Corneille sont de plus animées d'un civisme ardent et généreux. Miracle du génie, qu'un petit fonctionnaire si peu doté d'héroïsme civique ait pu vivre en imagination et faire vivre avec une telle puissance dans son théâtre le drame éternel de la résistance à l'oppression intérieure ou étrangère. Horace, Cinna, Polyeucte *(la liberté de conscience),* Nicomède *(la collaboration),* Sertorius *(la lutte antifasciste) sont assez connus. Sait-on que le drame de* Silence de la Mer *est au moins esquissé dans* Pertharite *? Si l'héroïne de Vercors avait parlé, n'aurait-elle pas dit à Werner d'Ebrennac — en termes infiniment plus discrets, certes — à peu près ce que dit Rodelinde ?*

Ce cœur dont tu te plains de ta plainte est surpris ;
Comte, je n'eus pour toi jamais aucun mépris ;
Et ma haine elle-même aurait cru faire un crime
De t'avoir dérobé ce qu'on te doit d'estime.
Quand je vois ta conduite en mes propres États
Achever sur les cœurs l'ouvrage de ton bras,
Avec ces mêmes cœurs qu'un si grand art te donne
Je dis que la vertu règne dans ta personne.
Avec eux je te loue, et je doute avec eux
Si sous leur vrai monarque ils seraient plus heureux...

Et la scène 3 de l'acte IV de Sophonisbe *paraît avoir été écrite hier, pour peu qu'on imagine le général romain Lélius avec le monocle et l'uniforme d'un général allemand et qu'on lise avec l'accent de Siegfried ces répliques glaciales :*
Leur ordre est d'emmener au camp les prisonniers...

Les femmes et l'amour

Je pense vous avoir mandé que je me sens des bénédictions du mariage, et tire maintenant à coup perdu aussi bien que vous.

C'est en ces termes que Corneille, nouveau marié, annonce en juillet 1641 à un avocat de ses amis la première grossesse de sa jeune femme. Nous voilà fixés sur la délicatesse de son vocabulaire en matière d'alcove.

Mais il s'agit là de sa vie privée, sur laquelle il n'a d'ailleurs livré — même dans sa correspondance — que fort peu de témoignages de son attitude quant aux choses de l'amour. Que trouve-t-on à cet égard dans son œuvre ?

... Je considérai que ce n'était pas assez d'avoir si heureusement réduit [*mon talent*] à purger notre théâtre des ordures que les premiers siècles y avaient comme incorporées et des licences que les derniers y avaient souffertes... (*Épître au Pape, en tête de l'*Imitation - 1656.)

Notre scène ne souffre point de tels ornements [*filles engrossées par leurs amants, marchands d'esclaves à prostituer*]. L'amour en est l'âme pour l'ordinaire ; mais l'amour dans le malheur n'excite que de la pitié, et est plus capable de purger en nous cette passion que de nous en faire envie... Les tendresses de l'amour content sont d'une autre nature, et c'est ce qui m'oblige à les éviter. » (*Préface d'*Attila, 1667.)

Quand le diable devient vieux... Écoutons-le dans sa jeunesse. Les plaisirs de l'amour content ? Voici le dénouement de Mélite *(première version) :*

TIRCIS

Maintenant que le sort, attendri par nos plaintes,
Comble notre espérance et dissipe nos craintes,
Que nos contentements ne sont plus traversés
Que par le souvenir de nos travaux passés,
Chassons-le, ma chère âme, à force de caresses ;
Ne parlons plus d'ennuis, de tourments, de tristesses,
Et changeons en baisers ces traits d'œil langoureux
Qui ne font qu'irriter nos désirs amoureux.

Adorables regards, fidèles interprètes
Par qui nous expliquions nos passions secrètes,
Je ne puis plus chérir votre faible entretien :
Plus heureux, je soupire après un plus grand bien.
Vous étiez bons jadis, quand nos flammes naissantes
Prisaient, faute de mieux, vos douceurs impuissantes ;
Mais au point où je suis, ce ne sont que rêveurs
Qui vous peuvent tenir pour exquises faveurs :
Il faut un aliment plus solide à nos flammes,
Par où nous unissions nos bouches et nos âmes.
Mais tu ne me dis mot, ma vie ; et quels soucis
T'obligent à te taire auprès de ton Tircis ?

MÉLITE

Tu parles à mes yeux et mes yeux te répondent.

Dans Clitandre, *Caliste apprend que Rosidor et sa rivale*
« avaient rendez-vous dans le bois le lendemain au lever
du soleil pour en venir aux dernières faveurs » *(Argument) :*

D'elle j'ai su les lieux où l'amour qui les joint
Ce matin doit venir jusques au dernier point.

*Pure calomnie, il est vrai, mais si la chose ne se faisait pas,
elle était dite, sans aucune vergogne. Et l'on y voyait aussi
l'amant se pâmer d'amour sur les lèvres de sa maîtresse
inanimée :*

Tristes embrassements, baisers mal répondus,
Pour la première fois donnés et non rendus,
Hélas ! quand mes malheurs me l'ont presque ravie,
Tout glacés et tout morts, vous me rendez la vie.

Dans La Suivante, *Florame nous faisait entrevoir des
rêves voluptueux :*

Encor n'est-ce pas tout : son image me suit
Et me vient au lieu d'elle entretenir la nuit ;
Elle entre effrontément jusque dedans ma couche,
Me redit ses propos, me présente sa bouche.

*Tout cela sera impitoyablement sabré dans la grande
édition revisée et expurgée de 1660. Scrupules excessifs
d'ailleurs, concession à la pudibonderie précieuse : il n'y
avait rien dans tous ces passages dont la morale pût s'effa-
roucher ; les* Galanteries du duc d'Ossone *étaient autrement
osées. Mais lui-même, en dehors de la scène, se permettait
d'aller assez loin : telles ses traductions d'épigrammes latines*

d'Audoënus, publiées dans les Mélanges Poétiques *joints à* Clitandre (1632), *et dont voici l'une des plus convenables :*

> Depuis que l'hiver est venu,
> Je plains le froid qu'Amour endure,
> Sans penser que plus il est nu,
> Et tant moins il craint la froidure.

D'ailleurs même lorsqu'il pourra se vanter d'avoir « purgé » la scène, il continuera, dans le genre « poésies légères », d'écrire des bagatelles assez lestes. L'année même où il donne la version expurgée de ses premières comédies, le libraire Sercy publie une épigramme du grand Corneille, très morale assurément, mais qui ne mâche pas les mots :

> Qu'on te flatte, qu'on te baise,
> Tu ne t'effarouches point,
> Philis, et le dernier point
> Est le seul qui te déplaise.
> Cette amitié du milieu
> Te semble être selon Dieu
> Et du ciel t'ouvrir la porte ;
> Mais détrompe-toi l'esprit :
> Quiconque aime de la sorte
> Se donne au diable à crédit.

Nullement bégueule donc et, nous l'avons dit, fort positif en amour :

> ... Le plus grand amour sans faveur
> Pour un homme de mon humeur,
> Est un assez triste partage :
> Je cède à mes rivaux cet inutile bien,
> Et qui me donne un cœur sans donner davantage,
> M'obligerait bien plus de ne me donner rien.

> Je suis de ces amants grossiers
> Qui n'aiment pas fort volontiers
> Sans aucun prix de leurs services,
> Et veux pour m'en payer, un peu mieux qu'un regard ;
> Et l'union d'esprits est pour moi sans délices,
> Si les charmes des sens n'y prennent quelque part. [1]

Et, les belles dames auxquelles il adresse ses vers n'étant pas de son gibier, à toutes il dit qu'il ne veut point leur laisser prendre son cœur. A l'une il prétend qu'il est trop vieux :

---

1. Cette pièce et les suivantes font partie du *Recueil Sercy* de 1660.

CORNEILLE

Vos beaux yeux sur ma franchise
N'adressent pas bien leurs coups :
Tête chauve et barbe grise
Ne sont pas viande pour vous.

Quand j'aurais l'heur de vous plaire,
Ce serait perdre du temps :
Iris, que pourriez-vous faire
D'un galant de cinquante ans ?

A l'autre, qu'elle est trop grande dame pour lui :

Caliste, lorsque je vous voi,
Dirai-je que je vous admire ?
C'est vous dire bien peu pour moi,
Et peut-être c'est trop vous dire.

Je m'expliquerais un peu mieux
Pour un moindre rang que le vôtre :
Vous êtes belle, j'ai des yeux,
Et je suis homme comme un autre.

Que n'êtes-vous, à votre tour,
Caliste, comme une autre femme !
Je serais pour vous tout d'amour,
Si vous n'étiez point si grand'dame.

Votre grade hors du commun
Incommode fort qui vous aime,
Et sous le respect importun
Un beau feu s'éteint de lui-même.

J'aime un peu l'indiscrétion
Quand je veux faire des maîtresses ;
Et quand j'ai de la passion
J'ai grand amour pour les caresses.

Mais si j'osais me hasarder
Avec vous au moindre pillage,
Vous me feriez bien regarder
Le grand chemin de mon village.

J'aime donc mieux laisser mourir
L'ardeur qui serait maltraitée,
Que de prétendre à conquérir
Ce qui n'est point de ma portée.

Enfin, à défaut de bonne raison, il cherche son salut dans la fuite :

Usez moins avec moi du droit de tout charmer :
Vous me perdrez bientôt, si vous n'y prenez garde.
J'aime bien à vous voir, quoi qu'enfin j'y hasarde ;
Mais je n'aime pas bien qu'on me force d'aimer.

Cependant mon repos a de quoi s'alarmer :
Je sens je ne sais quoi dès que je vous regarde ;
Je souffre avec chagrin tout ce qui m'en retarde ;
Et c'est déjà sans doute un peu plus qu'estimer.

Ne vous y trompez pas : l'honneur de ma défaite
N'assure point d'esclave à la main qui l'a faite ;
Je sais l'art d'échapper aux charmes les plus forts ;

Et quand ils m'ont réduit à ne me plus défendre,
Savez-vous, belle Iris, ce que je fais alors ?
Je m'enfuis, de peur de me rendre.

*C'est que, s'il aime le plaisir, il tient par-dessus tout à sa liberté ; point de liaison de cœur avec une femme : elle ferait de vous son esclave sans jamais rien vous accorder. Il y a été pris une fois dans sa jeunesse, s'il faut croire l'*Excuse à Aristse, *mais la passion dont il s'agit semble bien avoir été la première et la dernière de sa vie. A peine s'en était-il libéré, qu'il invitait un ami à faire comme lui : « envoyer au diable l'amour », en lui tenant ces propos cyniques :*

Je meure, ami, c'est un grand charme
D'être insusceptible d'alarme,
De n'espérer ni craindre rien,
De se plaire en tout entretien,
D'être maître de ses pensées,
Sans les avoir toujours dressées
Vers une beauté qui souvent
Nous estime moins que du vent,
Et pense qu'il n'est point d'hommage
Que l'on ne doive à son visage.
Tu t'en peux bien fier à moi :
J'ai passé par là comme toi ;
J'ai fait autrefois de la bête ;
J'avais des Philis à la tête :

J'épiais les occasions ;
J'épiloguais mes passions ;
Je paraphrasais un visage ;
Je me mettais à tout usage,
Debout, tête nue, à genoux,
Triste, gaillard, rêveur, jaloux ;
Je courais, je faisais la grue
Tout un jour au bout d'une rue :
Soleils, flambeaux, attraits, appas,
Pleurs, désespoirs, tourments, trépas,
Tout ce petit meuble de bouche
Dont un amoureux s'escarmouche,
Je savais bien m'en escrimer.
Par là je m'appris à rimer ;
Par là je fis sans autre chose
Un sot en vers d'un sot en prose...

A plus forte raison redoutait-il le lien du mariage :

Crains-tu de posséder un objet qui te charme ?
— Ne parle point d'un nœud dont le seul nom m'alarme.
J'idolâtre Angélique ; elle est belle aujourd'hui ;
Mais sa beauté peut-elle autant durer que lui ?
Et pour peu qu'elle dure, aucun me peut-il dire
Si je pourrai l'aimer jusqu'à ce qu'elle empire ?

[sic ; 1660 : expire.]

Ainsi parle Alidor dans La Place Royale : *langage de célibataire endurci. Corneille avait alors 28 ans et ne devait prendre femme que 6 ou 7 ans plus tard.*

Il est vrai que, vers l'âge de 30 ans, il ne se faisait point une idée trop sévère du devoir de fidélité conjugale. Surpris par sa femme dans une tentative de séduction et touché qu'elle ne pense qu'aux dangers qu'il y peut courir, Clindor lui répond :

A mon égarement souffre cette échappée,
Sans craindre que ta place en demeure usurpée.
L'amour dont la vertu n'est point le fondement
Se détruit de soi-même, et passe en un moment ;
Mais celui qui nous joint est un amour solide,
Où l'honneur a son lustre, où la vertu préside :
Sa durée a toujours quelques nouveaux appas,

Bossé fe.   le Blond excud auec Priuilege

Belle Cloris de qoy me sert
D'accorder ma voix a la tienne ;
Si de ton ame et de la mienne
Ne se fait vn mesme concert

Pourquoy d'vne bouche charmante
Profere tu ces doux accens ;
Tandis que mon luth se lamente
Du mal que pour toy je ressens.

Et ses fermes liens durent jusqu'au trépas.
Mon âme, derechef pardonne à la surprise
Que ce tyran des cœurs a faite à ma franchise ;
Souffre une folle ardeur qui ne vivra qu'un jour,
Et qui n'affaiblit point le conjugal amour.

ELLE

... Puisqu'à ce passe-temps ton humeur te convie,
Cours après tes plaisirs ; mais assure ta vie.
Sans aucun sentiment je te verrai changer,
Lorsque tu changeras sans te mettre en danger.

Mais qui peut empêcher un homme de faire une folie ?

LUI

... Encore une fois donc tu veux que je te die
Qu'auprès de mon amour je méprise ma vie ?
Mon âme est trop atteinte et mon cœur trop blessé
Pour craindre les périls dont je suis menacé.
Ma passion m'aveugle, et pour cette conquête
Croit hasarder trop peu de hasarder ma tête :
C'est un feu que le temps pourra seul modérer ;
C'est un torrent qui passe et ne saurait durer.

(Illusion comique, V, 3.)

Plus tard, marié et conscient de ses devoirs, il semble avoir été moins indulgent pour ces sortes de passades et n'avoir plus admis que l'adultère platonique. « Son tempérament, écrira Fontenelle, le portait assez à l'amour, mais jamais au libertinage » : l'amour, c'est-à-dire vivre dans l'atmosphère d'une jolie femme, respirer le charme de sa présence, mais sans pousser bien loin les choses. Ainsi semble-t-il avoir vécu jusque dans sa vieillesse, papillonnant autour de femmes charmantes, sans toutefois s'approcher assez de la flamme pour s'y brûler : un amateur de femmes, et qui les regardait moins en amoureux qu'en artiste cherchant des modèles. Tel il se dépeignait à vingt-cinq ans, tel il resta toute sa vie :

Quand je vois un beau visage
Soudain je me fais de feu ;
Mais longtemps lui faire hommage,
Ce n'est pas bien mon usage ;
Mais longtemps lui faire hommage,
Ce n'est pas bien là mon jeu.

J'entre bien en complaisance
Tant que dure une heure ou deux ;
Mais en perdant sa présence
Adieu toute souvenance ;
Mais en perdant sa présence
Adieu soudain tous mes feux.

Plus inconstant que la lune,
Je ne veux jamais d'arrêt ;
La blonde comme la brune
En moins de rien m'importune ;
La blonde comme la brune
En moins de rien me déplaît...

Brèves flambées où tous les sens jouaient leur partie.
Psyché s'étonne d'avoir fâché l'Amour en lui demandant
de voir ses sœurs :
Des tendresses du sang peut-on être jaloux ?
Simple prétexte pour amener le couplet fameux :

Je le suis, ma Psyché, de toute la nature.
Les rayons du soleil vous baisent trop souvent ;
Vos cheveux souffrent trop les caresses du vent ;
Dès qu'il les flatte, j'en murmure.
L'air même que vous respirez
Avec trop de plaisir passe par votre bouche ;
Votre habit de trop près vous touche...

Le poète qui, à 64 ans, « savait dessiner ainsi en deux vers
une jeune fille dans le soleil » (Couton), sans doute la volupté
n'était-elle pas absente de son univers : « Une voix ravis-
sante ainsi que son visage » *(Excuse à Ariste) ;* « Une
femme dont le visage et la voix valent bien quelque chose »
(déjà cité).
Corneille poète de la femme : c'est sans doute l'aspect le
plus méconnu de son théâtre : grâce, beauté, caresses de la
voix, airs mutins, fiers caprices, éternelle coquetterie, —
même chez les plus orgueilleuses de leur rang et les plus
« cornéliennes » au sens convenu du mot.
Il est vrai que ce mot lui a fait bien du tort, et déjà de son
vivant : prisonnier de sa gloire, il s'astreignit bientôt à un
registre trop élevé pour pouvoir faire jouer les parties les
plus délicates de son talent ; et c'est seulement dans la Psyché

de Molière que (je cite Fontenelle) « à l'ombre du nom d'autrui, il s'est abandonné à un excès de tendresse dont il n'aurait
pas voulu déshonorer son nom ». Que de trésors nous ont
été refusés à cause de ce faux honneur ! On s'en fera une idée
par cette peinture si troublante, et pourtant si chaste, de la
pudeur désarmée dans un cœur de vierge au soir de ses noces
(le mythe est transparent) :

Qu'un monstre tel que vous inspire peu de crainte !
    Et que, s'il a quelque poison,
    Une âme aurait peu de raison
    De hasarder la moindre plainte
    Contre une favorable atteinte
Dont tout le cœur craindrait la guérison !
A peine je vous vois, que mes frayeurs cessées
Laissent évanouir l'image du trépas,
Et que je sens couler dans mes veines glacées
Un je ne sais quel feu que je ne connais pas.
J'ai senti de l'estime et de la complaisance,
    De l'amitié, de la reconnaissance ;
De la compassion les chagrins innocents
    M'en ont fait sentir la puissance :
Mais je n'ai point encor senti ce que je sens.
Je ne sais ce que c'est ; mais je sais qu'il me charme,
    Que je n'en conçois point d'alarme.
Plus j'ai les yeux sur vous, plus je m'en sens charmer.
Tout ce que j'ai senti n'agissait point de même,
    Et je dirais que je vous aime,
Seigneur, si je savais ce que c'est que d'aimer.
Ne les détournez point, ces yeux qui m'empoisonnent,
Ces yeux tendres, ces yeux perçants, mais amoureux,
Qui semblent partager le trouble qu'ils me donnent.
    Hélas ! plus ils sont dangereux,
    Plus je me plais à m'attacher sur eux.
Par quel ordre du ciel, que je ne puis comprendre,
    Vous dis-je plus que je ne dois,
Moi de qui la pudeur devrait du moins attendre
Que vous m'expliquassiez le trouble où je vous vois ?
Vous soupirez, Seigneur, ainsi que je soupire ;
Vos sens, comme les miens, paraissent interdits.
C'est à moi de m'en taire, à vous de me le dire ;
    Et cependant c'est moi qui vous le dis.

Paternité et vieillesse

Vous n'êtes qu'amoureux, Phinée, et je suis père.
Il est d'autres objets dignes de votre foi ;
Mais il n'est point ailleurs d'autres filles pour moi.
(Andromède, 11, 4.)
Père de soldats, Corneille est fier de ses fils (Au Roi, 1667) :

Pardonne, grand vainqueur, à cet emportement :
Le sang prend malgré nous quelquefois son moment ;
D'un père pour ses fils l'amour est légitime ;
Et j'ai droit pour les miens de garder quelque estime,
Après qu'en leur faveur toi-même as bien voulu
M'assurer que l'abord ne t'en a point déplu.

*Mais l'expérience vécue de la paternité ajoute-t-elle rien
aux accents qu'avant d'être père lui-même, il avait prêtés à
don Diègue ou au vieil Horace ?*

Tout beau ! ne les pleurez pas tous ;
Deux jouissent d'un sort dont leur père est jaloux...

*Par contre aucun personnage de son théâtre, avant l'époque
où il eut lui-même des fils en âge d'homme, n'avait tenu sur la
procréation les propos désabusés qu'on trouve dans ses trois
dernières pièces :*

Vous vous devez des fils et des Césars à Rome
Qui fassent à jamais revivre un si grand homme.
— Pour revivre en des fils nous n'en mourons pas moins.
(Tite et Bérénice.)

Mon aïeul, dont partout les hauts faits retentissent,
Voudra bien qu'avec moi ses descendants finissent...
Qu'ai-je à faire de race à me déshonorer ?...
(Pulchérie.)

*Cependant l'opposition des fils et des pères, des jeunes et
des aînés (ou des vieux), apparaît dans son œuvre dès la
trentaine et restera jusqu'à la fin l'un de ses thèmes favoris.
Ce conflit se rencontre dans Le Cid sous trois formes ; trois*

F. Siere pinx.   L. Cossin sculp.
1683.

Pierre Corneille de Roüen, Poëte Celebre.

âges s'y opposent : jeunesse (Rodrigue), maturité (le Comte),
vieillesse (Don Diègue). — Scène du soufflet (le vieillard
et l'homme dans la force de l'âge) ; provocation de Rodrigue
au Comte (jeunesse et maturité) ; incompréhension, à
l'acte III, entre Rodrigue et son père (jeunesse et vieillesse).
Dirai-je que des trois rôles le plus humain me paraît être
celui du Comte ? Entre l'égoïsme sclérosé du vieillard et
l'égoïsme généreux de l'adolescence, lui seul est capable de
sortir de soi : assez jeune pour comprendre encore la jeunesse,
assez âgé pour être sans défense devant elle : son bras est invincible
encore, mais son cœur est arrivé précisément à l'âge où l'on
est désarmé devant un gosse. Corneille n'avait que trente
ans, mais il avait un petit frère de onze ans, et peut-être aussi
voyait-il alors beaucoup son cousin Rodrigue de Chalon,
qui en avait dix-neuf. A côté d'eux il se sentait plutôt de
l'âge du Comte, comme lui regardant les jeunes avec sympa-
thie, tendresse, admiration. Mais, trente ans plus tard, le
voici parvenu à l'âge de Don Diègue. Comparer :

> O rage ! ô désespoir ! ô vieillesse ennemie !
> ... O cruel souvenir de ma gloire passée !

*et cette confidence douloureuse (*Au Roi, 1667*) :*

> Que ne peuvent, grand roi, tes hautes destinées
> Me rendre la vigueur de mes jeunes années !
> Qu'ainsi qu'au temps du *Cid* je ferais de jaloux !
> Mais j'ai beau rappeler un souvenir si doux,
> Ma veine, qui charmait alors tant de balustres,
> N'est plus qu'un vieux torrent qu'ont tari douze lustres...

Et neuf ans plus tard (1676) :

> ... J'affaiblis, ou du moins ils se le persuadent ;
> Pour bien écrire encore j'ai trop longtemps écrit,
> Et les rides du front passent jusqu'à l'esprit ;
> Mais contre cet abus que j'aurais de suffrages
> Si tu donnais les tiens à mes derniers ouvrages...
> Tel Sophocle à cent ans charmait encore Athènes,
> Tel bouillonnait encor son vieux sang dans ses veines,
> Diraient-ils à l'envi, lorsque Œdipe aux abois
> De ses juges pour lui gagna toutes les voix.
> Je n'irai pas si loin, et, si mes quinze lustres
> Font encore quelque peine aux modernes illustres,
> S'il en est de fâcheux jusqu'à s'en chagriner,
> Je n'aurai pas longtemps à les importuner.

Quoique je m'en promette, ils n'en ont rien à craindre :
C'est le dernier éclat d'un feu prêt à s'éteindre...

*Vieillesse... Eurydice est une jeune princesse, Suréna un
brillant général de 30 ans ; mais l'un et l'autre sont marqués
du signe de la vieillesse de l'auteur. Peut-être ne faut-il
pas chercher ailleurs la cause du médiocre succès de cette
œuvre sans prix. Les héros n'ont pas l'âge de leur rôle :
convient-il de chanter à vingt ou trente ans le chant du cygne ?*

LUI

Je sais ce qu'à mon cœur coûtera votre vue,
Mais qui cherche à mourir doit chercher ce qui tue.
Madame, l'heure approche, et demain votre foi
Vous fait de m'oublier une éternelle loi :
Je n'ai plus que ce jour, que ce moment de vie.
Pardonnez à l'amour qui vous le sacrifie,
Et souffrez qu'un soupir exhale à vos genoux,
Pour ma dernière joie, une âme toute à vous.

ELLE

Et la mienne, Seigneur, la jugez-vous si forte,
Que vous ne craigniez point que ce moment l'emporte,
Que ce même soupir qui tranchera vos jours
Ne tranche aussi des miens le déplorable cours ?
Vivez, Seigneur, vivez, afin que je languisse,
Qu'à vos feux ma langueur rende longtemps justice.
Le trépas à vos yeux me semblerait trop doux,
Et je n'ai pas encore assez souffert pour vous.
Je veux qu'un noir chagrin à pas lents me consume,
Qu'il me fasse à longs traits goûter son amertume ;
Je veux, sans que la mort ose me secourir,
Toujours aimer, toujours souffrir, toujours mourir.

Et encore, dans la même scène :

LUI

Que tout meure avec moi, Madame : que m'importe
Qui foule après ma mort la terre qui me porte ?
Sentiront-ils percer par un éclat nouveau,
Ces illustres aïeux, la nuit de leur tombeau ?
Respireront-ils l'air où les feront revivre
Ces neveux qui peut-être auront peine à les suivre,
Peut-être ne feront que les déshonorer,

Et n'en auront le sang que pour dégénérer ?
Quand nous avons perdu le jour qui nous éclaire,
Cette sorte de vie est bien imaginaire,
Et le moindre moment d'un bonheur souhaité
Vaut mieux qu'une si froide et vaine éternité.

*Depuis plusieurs années la mort est devenue pour le poète
une pensée familière. Tite :*

Oui, Flavian, c'est affaire à mourir.
La vie est peu de chose ; et tôt ou tard, qu'importe
Qu'un traître me l'arrache, ou que l'âge l'emporte ?
Nous mourons à toute heure ; et dans le plus doux sort
Chaque instant de la vie est un pas vers la mort.

« *La vie est peu de chose...* » *Nous avions déjà entendu
cela dans le monologue d'Auguste :*

Meurs enfin, puisqu'il faut ou tout perdre ou mourir.
La vie est peu de chose, et le peu qui m'en reste
Ne vaut pas l'acheter par un prix si funeste.

*Mais le personnage principal ayant toujours l'âge du
poète, de même que Tite ou Suréna paraissent vieux avant
l'âge, le vieil Auguste avait encore le sang ardent et combatif
du Corneille de la trentaine :*

Meurs ; mais quitte du moins la vie avec éclat ;
Éteins-en le flambeau dans le sang de l'ingrat...

*Tite et Suréna, eux, sont les contemporains du vieux poète
qui, félicitant le roi à l'occasion de la paix rétablie en 1678,
finit par ce soupir :*

Moi pour qui ce beau siècle est arrivé si tard
Que je n'y dois prétendre ou point ou peu de part,
Moi qui ne le puis voir qu'avec un œil d'envie
Quand il faut que je songe à sortir de la vie,
Je n'ose en ébaucher le merveilleux portrait,
De crainte d'en sortir avec trop de regret.

Deux ans plus tard, à l'occasion du mariage du Dauphin :

De quel front oserais-je avec mes cheveux gris
Ranger autour de toi les Amours et les Ris ?
Ce sont de petits dieux, enjoués, mais timides,
Qui s'épouvanteraient dès qu'ils verraient mes rides ;
Et ne me point mêler à leur galant aspect,
C'est te marquer mon zèle avec plus de respect.

Les derniers vers connus de Corneille :
A Monseigneur, sur son mariage (1680).

p. Corneille

Ah ! comme il envie et admire la jeunesse !

Lui

Je suis jeune, et j'en fais trop mal ici ma cour
Pour joindre à ce défaut un faux éclat d'amour.

Elle

L'agréable défaut, Seigneur, que la jeunesse !
Et que de vos jaloux l'importune sagesse,
Toute fière qu'elle est, le voudrait racheter
De tout ce qu'elle croit et croira mériter !

(Pulchérie.)

Regret mordant de la jeunesse, abdication, bien sûr, mais mêlée d' « une espèce de rage ». Martian, dans la même pièce :

Apprends que dans un âge usé comme le mien,
Qui n'ose souhaiter ni même accepter rien,
L'amour hors d'intérêt s'attache à ce qu'il aime,
Et n'osant rien pour soi, le sert contre soi-même.
— N'ayant rien prétendu, de quoi soupirez-vous ?
— Pour ne prétendre rien, on n'est pas moins jaloux ;
Et ces désirs, qu'éteint le déclin de la vie,
N'empêchent pas de voir avec un œil d'envie,
Quand on est d'un mérite à pouvoir faire honneur,
Et qu'il faut qu'un autre âge emporte le bonheur.
Que le moindre retour vers nos belles années
Jette alors d'amertume en nos âmes gênées ! [...]
... J'aimais quand j'étais jeune, et ne déplaisais guère :
Quelquefois de soi-même on cherchait à me plaire ;
Je pouvais aspirer au cœur le mieux placé ;
Mais, hélas ! j'étais jeune, et ce temps est passé ;
Le souvenir en tue, et l'on ne l'envisage
Qu'avec, s'il faut le dire, une espèce de rage ;
On le repousse, on fait cent projets superflus :
Le trait qu'on porte au cœur s'enfonce d'autant plus...

La mort

La mort faisant partie des accessoires nécessaires de la tragédie, on meurt çà et là dans le théâtre de Corneille. Avouons que ces morts ne sont jamais très émouvantes : délivrances ou châtiments. Le vrai tragique est ailleurs, comme il est dit dans Théodore :

> Ce mépris de la mort qui partout à nos yeux
> Brave si hautement et nos lois et nos Dieux,
> Cette indigne fierté ne serait pas punie
> A ne vous ôter rien de plus cher que la vie.

A peine peut-on rassembler dans toute l'œuvre écrite de Corneille deux ou trois traits qui permettent d'entrevoir quelle effroyable horreur lui inspiraient la vue d'un vrai mort et l'idée du cadavre en décomposition. Dans Théodore :

> Chaque jour à ses yeux cette ombre ensanglantée,
> Sortant des tristes nuits où vous l'aurez jetée,
> Vous peindra toutes deux avec des traits d'horreur
> Qui feront de sa haine une aveugle fureur.

Et surtout ceci, toujours dans Théodore, *qui semble une réponse à la scène finale de* Roméo et Juliette :

> L'amour va rarement jusque dans un tombeau
> S'unir au reste affreux de l'objet le plus beau.

Mettons que ce soit encore de la littérature. Voici du moins qui n'en est pas (Examen d'Œdipe) :

Je trouve plus à dire à Dircé qui les écoute, et devrait avoir couru auprès de sa mère sitôt qu'on lui en a dit la mort ; mais on peut répondre que, si les devoirs de la nature nous appellent auprès de nos parents quand ils meurent, nous nous retirons d'ordinaire d'auprès d'eux quand ils sont morts, afin de nous épargner ce funeste spectacle, et qu'ainsi Dircé a pu n'avoir aucun empressement de voir sa mère, à qui son secours ne pouvait plus être utile, puisqu'elle était morte.

Puissance du présent et faiblesse de l'homme

C'est que pour Corneille, contre l'impression de la chose présente, contre ce qui se voit, contre ce qui se touche, il n'y a point de résistance possible. Andromède, attachée à son rocher :

Affreuse image du trépas,
Qu'un triste honneur m'avait fardée,
Surprenantes horreurs, épouvantable idée,
Qui tantôt ne m'ébranliez pas,
Que l'on vous conçoit mal quand on vous envisage
Avec un peu d'éloignement !
Qu'on vous méprise alors ! qu'on vous brave aisément !
Mais que la grandeur du courage
Devient d'un difficile usage
Lorsqu'on touche au dernier moment !

Ici, seule et de toutes parts
A mon destin abandonnée,
Ici que je n'ai plus ni parents ni Phinée
Sur qui détourner mes regards,
L'attente de la mort de tout mon cœur s'empare...

De même, déjà, Cinna :

— Vous n'aviez point tantôt ces agitations...
— On ne les sent aussi que quand le coup approche...
L'âme, de son dessein jusque là possédée,
S'attache aveuglément à sa première idée...

Et plus tard Eurydice, dans Suréna :

Esclave de l'État, victime de la paix,
Je m'étais répondu de vaincre mes souhaits,
Sans songer qu'un amour comme le nôtre extrême
S'y rend inexorable aux yeux de ce qu'on aime.
Pour le bonheur public j'ai promis ; mais, hélas !
Quand j'ai promis, Seigneur, je ne vous voyais pas.

Inversement : « loin des yeux, loin du cœur », ce qui explique en partie l'inconstance de tant d'amoureux cornéliens. Jason, dans La Toison d'or :

Ne souffre-t-elle plus [cette passion] l'image du passé ?
Le portrait d'Hypsipyle est-il tout effacé ?
— [...] Un reste de tendresse
M'échappe encore au nom d'une belle princesse ;
Mais comme assez souvent la distance des lieux
Affaiblit dans le cœur ce qu'elle cache aux yeux,
Les charmes de Médée ont aisément la gloire
D'abattre dans le mien l'effet de sa mémoire.

Nous avons cité plus haut cette Chanson *de Corneille jeune :*

> Mais en perdant sa présence
> Adieu toute souvenance...

Et Pauline elle-même, si forte contre le souvenir de Sévère, le revoit-elle :

> Trop rigoureux effet d'une aimable présence
> Contre qui mon devoir a trop peu de défense !

Car telle est la vie, chétifs que nous sommes. Fidélité dans l'absence ? mensonge des romans ; impassibilité en face de la tentation ou de la douleur présentes ? mensonge des philosophes. Comme lui ses héros ont appris au catéchisme que nous ne pouvons sauver notre liberté qu'en fuyant les occasions du péché : ainsi Pauline, ainsi Horace :

> A quel point ma vertu devient-elle réduite !
> Rien ne la saurait plus garantir que la fuite.

Qu'est-ce d'ailleurs que notre liberté ? de « bons moments » qu'il faut savoir saisir au vol. Au terme d'une longue vie, voici le dernier mot de Corneille sur la liberté de l'homme :

> Le devoir vient à bout de l'amour le plus ferme.
> Les grands cœurs ont vers lui des retours éclatants ;
> Et quand on veut se vaincre, il y faut peu de temps.
> Un jour y peut beaucoup, une heure y peut suffire,
> Un de ces bons moments qu'un cœur n'ose en dédire ;
> S'il ne suit pas toujours nos souhaits et nos soins,
> Il arrive souvent quand on l'attend le moins. *(Suréna.)*

Il ne parlait point autrement de la grâce dans Polyeucte *:*

> Et Dieu qui tient votre âme et vos jours dans sa main,
> Promet-il à vos vœux de le pouvoir demain ?
> Il est toujours tout juste et tout bon, mais sa grâce
> Ne descend pas toujours avec même efficace.

Au reste, en quoi l'acte libre par lequel le héros cornélien échappe un instant à l'empire des passions diffère-t-il de la grâce ?

Le poète chrétien

Il l'est partout, même quand il y pense le moins. Toutes ses tragédies grecques ou romaines sont en réalité des tragédies chrétiennes ; et lorsqu'il se croit tenu de respecter la couleur païenne, cela donne de curieux cocktails. Deux exemples pris dans Andromède :

— Je sais que Danaë fut son indigne mère :
L'or qui plut dans son sein l'y forma d'adultère ;
Mais le pur sang des rois n'est pas moins précieux
Ni moins chéri du Ciel que les crimes des dieux.

— Allez, j'immolerai pour vous à Jupiter
Et je ne vois plus rien enfin à redouter.
Des dieux les moins bénins l'éternelle puissance
Ne veut de nous qu'amour et que reconnaissance ;
Et jamais leur courroux ne montre de rigueurs
Que n'abatte aussitôt l'abaissement des cœurs.

L'humilité du cœur, voilà l'alpha et l'oméga de la religion de Corneille, et c'est par abaissement volontaire, pour châtier en lui l'orgueil, qu'il consacra à de pieuses traductions de longues années de sa vie : sait-on que ces traductions tiennent presque le quart de son œuvre ?

« A beaucoup de piété naturelle il a joint dans tous les temps de sa vie beaucoup de religion et plus de piété que le commerce du monde n'en permet ordinairement. Il a eu souvent besoin d'être rassuré par des casuistes sur ses pièces de théâtre... » (Fontenelle) *« L'usage des sacrements auxquels on l'a toujours vu porté lui faisait mener une vie très régulière... Il récitait tous les jours le Bréviaire Romain, ce qu'il a fait sans discontinuer pendant les trente dernières années de sa vie. »* (Thomas Corneille)

On peut penser que cette piété s'était accentuée avec l'âge : car on n'en voit paraître aucune trace dans les œuvres de sa jeunesse. Mais l'esprit, à défaut des mœurs, fut toujours d'un chrétien solidement établi dans la foi : religion sans drame et sans à-coups, raisonnable et nullement mystique ; âme sans inquiétude et sans tourment de Dieu, la religion est pour lui une occupation à laquelle il fait sa place, mais qui n'envahit point toute sa vie. Persuadé d'ailleurs, avec son respect des hiérarchies et des fonctions, qu'un laïc comme lui était et serait toujours un profane en matière religieuse :

Une page des Mocedades del Cid.

Le mot Jésus *a disparu dans* Le Cid : *esprit chrétien mais style laïc du théâtre de Corneille.*

Sale Rodrigo, y arrodillase delante
de Ximena.

Ro. Mejor es que mi amor firme
con rendirme
te de el gusto de matarme,
sin la pena del seguirme.

Xi. Que has emprēdido? q has hecho?
eres sombra, eres vision?

Ro. Pasa el mismo coraçon
que pienso que está en tu pecho.

Xi. Iesus, Rodrigo, Rodrigo
en mi casa? Ro. Escucha. Xi. muero.

Ro. Solo quiero,
que en oyendo lo que digo
respondas con este azero.

Dale su daga.
Tu Padre el Conde Loçano
en el nombre, y en el brio,
puso en las canas del mio
la atreuida injusta mano.

Y aunque me vi sin honor
se mal logro mi esperança
en tal mudança,
con tal fuerça que tu amor
puso en duda mi vengança.

he ven
porqu
lo que
Do
con m
y donc
si es q
To
vn val
haz co
la veŋ
como
Xi. Ro
yo coŋ
que en
como
No
de que
y tal
que h
la mue
Sol
el ver
a tiem
mi san
Per

CORNEILLE

Il ne faut pas attendre de moi, dans ces sortes de matières, autre chose que des traductions ou des paraphrases. Je suis si peu versé dans la théologie et dans la dévotion, que je n'ose me fier à moi-même quand il en faut parler ; je les regarde comme des routes inconnues où je m'égarerais aisément, si je ne m'assurais de bons guides. » *(Préface des* Louanges de la Vierge.*)*

*Aucun de ses ouvrages de piété ne parut sans l'approbation ecclésiastique. Donnons celle des Docteurs qui eurent à examiner l'*Imitation *:*

« *Monsieur Corneille ayant heureusement achevé cette admirable traduction du livre de l'*Imitation *de* Jésus-Christ, *nous sommes obligés de rendre ce témoignage à la vérité en sa faveur, qu'il ne se pouvait pas mieux, et que tout y est catholique, orthodoxe et conforme au sens de l'auteur. Nous ne doutons pas qu'un si excellent ouvrage où la poésie parle si purement le langage des Saints, ne trouve l'approbation qu'il mérite, et que la Charité qui en a fourni les plus riches idées, n'échauffe le cœur de ceux qui auront la piété de le lire avec application.*

« *Donné à Rouen ce jour de saint Matthias, le vingt-cinquième de Février mil six cent cinquante six. Signé :* GAUDLE ET R. LE CORNIER. »

Le succès du livre fut énorme pendant une vingtaine d'années ; mais, dès la fin du siècle, seuls les dévots le lisaient encore. Fontenelle lui-même se montrera assez sévère, et ce n'est point par irréligion (il mettait Polyeucte *au-dessus de toutes les autres pièces de son oncle) :* « *Si j'ose, dit-il, en parler avec une liberté que je ne devrais peut-être pas me permettre, je ne trouve point dans la traduction de M. Corneille le plus grand charme de l'*Imitation *de J.-C., je veux dire sa simplicité et sa naïveté. Elle se perd dans la pompe des vers, qui était naturelle à M. Corneille, et je crois même qu'absolument la forme des vers lui est contraire. Ce livre, le plus beau qui soit parti de la main d'un homme, puisque l'Évangile n'en vient pas, n'irait pas droit au cœur comme il fait, s'il n'avait un air naturel et tendre, à quoi la négligence même du style aide beaucoup.* » *De fait c'était une entreprise insensée de mettre l'*Imitation *en vers classiques, et qui plus est en stances, avec le jeu compliqué des rimes et la longueur imposée des strophes. Corneille le sentait bien :* « Les matières y ont si peu de disposition à la poésie,

LES
QVATRE LIVRES
DE
L'IMITATION DE
IESVS-CHRIST
Traduits et Paraphrasez
en vers françois
Par P. CORNEILLE.

In manu tua sortem, et mersa me [...]

S. FRANCOIS XAVIER
dans vn Naufrage.

H. David fecit

que mon entreprise n'est pas sans quelque apparence de témérité », *avoue-t-il dès sa première préface ; et chacune des suivantes le montre ahanant à la tâche comme Flaubert lorsqu'il écrivait* Salammbô :

Je vous avoue que ce ne sera pas si tôt que je donnerai la traduction complète de tout l'ouvrage : non que je n'en aie point grande impatience, mais parce que ces matières ont si peu de disposition à s'accommoder avec notre poésie qu'elles me lassent incontinent et m'obligent à me reposer plus souvent que je ne voudrais.

Une autre fois :

Le peu de disposition [etc...], le peu de liaison non seulement d'un chapitre avec l'autre mais d'une période même avec celle qui la suit, et la quantité des redites sont des obstacles assez malaisés à surmonter. Et si, outre ces trois qui viennent de l'original, vous voulez bien en considérer trois autres de la part du traducteur, peu de connaissance de la théologie, peu de pratique des sentiments de dévotion, et peu d'habitude à faire des vers d'odes et de stances, j'ose m'assurer que vous me pardonnerez aisément les défauts que je vois moi-même dans cet ouvrage sans pouvoir l'en purger au point qu'on peut raisonnablement attendre d'un homme à qui les vers ont acquis quelque réputation.

Il avait des scrupules, demandant :

S'il faut étendre davantage les pensées de mon auteur pour leur faire recevoir par force les agréments qu'il a méprisés, ou si ce peu que j'y ajoute quelquefois par la nécessité de fournir une strophe, n'est point une liberté qu'il soit à propos de retrancher.

S'inquiétant aussi de l'étroitesse du goût classique :

Il ne s'y parle que de communier et dire la messe. Ce sont des termes qui n'ont pas un assez beau son dans nos vers pour soutenir la dignité de ce qu'ils signifient.

Résultat : Cum celebras aut missam audis... *devient :*

Lorsque ta propre main offre cette victime,
Quand tu la vois offrir par un autre à l'autel...

Triomphe de la périphrase et de la draperie dans le style des églises du Gesu... Que vaut en définitive cette paraphrase ?

Problème de style analogue au problème de fond qui se pose pour ses deux tragédies chrétiennes. Ses saints, dit-on, manquent de douceur et de modestie. Balzac répond ici pour Corneille : « Tous les saints ne sont pas composés d'un même tempérament [...] et c'est la beauté du troupeau de Dieu qu'il y ait des Lions parmi les Brebis et de voir les âmes fortes et sublimes s'humilier sous la grandeur du christianisme comme les plus basses et les plus douces. » (Lettre du 15-10-1634.) Il est beau de voir les âmes royales de Polyeucte ou de Théodore se débattre entre l'orgueil de leur nature et l'humilité du chrétien, comme « le pauvre Corneille » se débat entre les exigences du style noble et l'humble nudité du texte de l'Imitation. Sa Théodore, d'ailleurs, mériterait bien d'être réhabilitée : on n'a peut-être jamais mieux peint l'âme ardente et violente de la sainte sous la fermeté paisible et douce d'une jeune religieuse. Merveilleuse sérénité de cette parole sans accent :

Seigneur, il ne faut point me supposer de crimes ;
C'est à des faussetés sans besoin recourir :
Puisque je suis chrétienne, il suffit pour mourir.

Devant le malheureux Placide, fou d'amour pour elle, une fermeté douce qui se répand comme un baume :

N'espérez pas, Seigneur, que mon sort déplorable
Me puisse à votre amour rendre plus favorable,
Et que d'un si grand coup mon esprit abattu
Défère à ses malheurs plus qu'à votre vertu.
Je l'ai toujours connue et toujours estimée ;
Je l'ai plainte souvent d'aimer sans être aimée ;
Et par tous ces dédains où j'ai su recourir
J'ai voulu vous déplaire afin de vous guérir...

Parfois aussi, l'inconsciente cruauté de ceux qui sont déjà étrangers à la terre :

Vous n'êtes point celui dont Dieu s'y veut servir.
Il saura bien sans vous en susciter un autre,
Dont le bras moins puissant, mais plus saint que [le vôtre,
Par un zèle plus pur se fera mon appui.

On voit cependant que la douceur d'un langage modeste et sans éclat ne fait pas toujours défaut aux saints du théâtre de Corneille. Pareillement sa traduction de l'Imitation est loin d'être aussi dépourvue que l'a cru Fontenelle d'une humble et touchante naïveté d'accent.

*Dans cette œuvre ingrate, dans cette traduction laborieuse,
se sent presque partout l'effusion de cœur d'un chrétien fervent ; et ces poèmes, qui se voulaient modestement une simple
traduction, ont la valeur d'une création originale : non seulement l'unique grande œuvre lyrique du XVIIᵉ siècle, mais l'un
des sommets de notre poésie. Qu'on en juge par quelques
échantillons, choisis, bien sûr, mais parmi beaucoup d'autres* [1].

Dieu te délaissera quelquefois sans tendresse ;
Souvent par le prochain tu seras exercé ;
Souvent, *dans le chagrin par toi-même enfoncé,*
Tu deviendras toi-même à charge à ta faiblesse ;
Souvent, et sans remède et sans allègement,
Tu ne rencontreras dans cet accablement
Rien qui puisse guérir ni relâcher ta peine :
Ton seul recours alors doit être d'endurer
Par une patience égale à cette gêne,
Tant qu'il plaît à ton Dieu de la faire durer. (...)

La croix donc en tous lieux est toujours préparée ;
La croix t'attend partout, *et partout suit tes pas ;*
Fuis-la de tous côtés, et cours où tu voudras,
Tu n'éviteras point sa rencontre assurée ;
Tel est notre destin, telles en sont les lois :
Tout homme pour lui-même est une vive croix,
Pesante d'autant plus que plus lui-même il s'aime
Et, comme il n'est en soi que misère et qu'ennui,
En quelque lieu qu'il aille, il se porte lui-même,
Et rencontre la croix qu'il y porte avec lui. (II, 12.)

Je suis pauvre, fragile, assiégé de malheurs ;
Dès mes plus jeunes ans l'angoisse m'environne,
Et mon âme aux ennuis quelquefois s'abandonne
      Jusqu'à l'indignité des pleurs (...)

Tu me verras, *courbé sous ma propre impuissance,*
De faiblesse et d'ennui tomber sur mes genoux,
Me battre la poitrine, et montrer à grands coups
      Combien je souffre en ton absence.

Qu'ils étaient beaux ces jours où sur tous *mes travaux*

---

1. Nous imprimons en italiques les passages ajoutés par Corneille :
tantôt simple remplissage, tantôt trouvaille de génie.

Ta clarté répandait ses vives étincelles,
Où mon âme, à couvert sous l'ombre de tes ailes,
Bravait les plus rudes assauts ! (...)

Ce corps bouffi d'orgueil, cette âme ingrate et vaine,
De leur propre vouloir courbent sous le fardeau ;
Frappe, et redresse-les au juste et droit niveau
De ta volonté souveraine.   (III, 50.)

Ailleurs, c'est Dieu qui parle doucement à son enfant :

Des autres le grand nom *sans mérite ennobli*
Aura *ce qui t'est dû de* gloire et de louange,
Cependant que le tien *traînera dans l'oubli*,
S'il ne tombe assez bas pour traîner dans la fange ;
Ainsi que dans l'estime ils seront dans l'emploi,
Et *l'injuste* mépris que l'on aura pour toi
Te fera réputer *serviteur inutile :*
L'orgueil de la nature en voudra murmurer,
Et ce sera beaucoup, si ton esprit docile
Peut apprendre à se taire et toujours endurer (...).

Surtout il t'est bien dur qu'on te veuille ordonner
Ce qui semble à tes yeux une *injustice* extrême,
Ce qui n'est bon à rien, ce qu'on peut condamner
Ainsi qu'un attentat contre *la raison même.*
A cause que tu vis sous le pouvoir d'autrui,
Il te faut, malgré toi, prendre la loi de lui,
Obéir à son ordre, et suivre son empire ;
Et c'est là ce qui fait tes plus cruels tourments,
Quand tu sens *ta raison* puissamment contredire,
Et qu'il faut accepter de tels commandements.   (III, 49.)

Mon fils, je me plais mieux à l'humble patience
Parmi les *tribulations,*
Qu'au *zèle affectueux* de ces dévotions
Dont la prospérité nourrit la confiance.
Pourquoi donc t'émeus-tu pour un *faible revers ?*
Pourquoi t'affliges-tu pour un *mot de travers ?*
Un reproche léger n'est pas un grand outrage :
Quand même *jusqu'au cœur* il t'aurait pu *blesser,*
Il ne te devrait pas ébranler le courage ;
Va, *fais la sourde oreille*, et laisse-le passer.

Ce n'est pas le premier dont tu sentes l'atteinte ;
     Il n'a pour toi rien de nouveau ;
Et, si tu peux longtemps reculer du tombeau,
Ce n'est pas le dernier dont tu feras ta plainte.
Tu n'es que trop constant hors de l'adversité ;
Tu secours même un autre avec facilité,
Ta pitié le conseille, et ta voix le conforte,
Tu sais à tous ses maux mettre un prompt appareil ;
Mais quand l'affliction vient frapper à ta porte,
Tu n'as plus aussitôt ni force ni conseil (...)

Montre-toi plus égal durant ce peu d'orage,
     Fais ton effort pour le braver,
Et, *quelques grands malheurs qui puissent t'arriver,*
Prépare encor ton âme à souffrir davantage.
Pour te sentir pressé des tribulations,
Pour te voir chanceler sous les tentations,
Ne crois pas tout perdu, n'y trouve rien d'étrange :
Tu n'es qu'homme, et non Dieu, mais homme tout de chair,
Mais chair toute fragile, et non pas tel qu'un ange,
Que de l'abus des sens il m'a plu détacher.

Les anges même au ciel, le premier homme en terre,
     Où je lui fis un paradis,
Conservèrent si peu l'état où je les mis
Qu'ils devinrent bientôt dignes de mon tonnerre.
Ne prétends non plus qu'eux conserver ta vertu
Sans te voir ébranlé, sans te voir combattu ;
Mais en ce triste état offre-moi ta faiblesse :
J'élève qui gémit avec humilité,
Et *plus* l'homme à mes yeux reconnaît sa bassesse,
Plus je le fais monter vers ma divinité.   (III, 57.)

   La prédestination des saints :

Je n'ai point attendu *la naissance des temps*
Pour chérir mes élus *et les juger constants.*
De toute éternité ma claire prescience
A su se faire jour dedans leur conscience ;
De toute éternité j'ai vu tout leur emploi,
Et j'ai fait choix d'eux tous, et non pas eux de moi.

Ma grâce les appelle à *mon céleste empire,*
Et ma miséricorde après moi les attire ;
Ma main les a conduits par les tentations ;

Je les ai remplis seul de consolations ;
Je leur ai donné seul de la persévérance,
Et seul j'ai couronné leur *humble* patience.

(III,   58.)

Prières pour la communion :

Tu connais *mieux que moi* tous mes maux, tous mes vices,
  Toutes mes passions,
Et n'ignores aucun des plus secrets supplices
  De mes tentations.

Le trouble qui m'offusque et le poids qui m'accable
  Sont présents devant toi :
Tu vois quelle souillure en mon âme coupable
  Imprime un juste effroi. (...)

Ne souffre pas, Seigneur, que de ta sainte table
  Où tu m'as invité,
Je sorte avec la faim et la soif déplorable
  De mon aridité.

(IV, 16.)

Si mon indignité ne peut monter encore
Au haut de cette source, et puiser en pleine eau,
Si je ne puis en boire *à même le ruisseau*
Jusqu'à rassasier *la soif qui me dévore,*
Je collerai ma bouche au canal *précieux*
  Que tu fais descendre des cieux,
Afin que dans mon cœur une goutte en distille,
Que ma soif s'en apaise, et que l'aridité,
  Qui rend mon âme si stérile,
Ne la dessèche pas jusqu'à l'extrémité.

(IV, 4.)

Éblouissement de Dieu :

      Les yeux même de tout un monde
      En un seul regard assemblés,
      De tant de lumière aveuglés,
      Rentreraient sous la nuit profonde ;
      Ils ne pourraient pas subsister,
      S'ils attentaient à supporter
      Des clartés si hors de mesure ;

176

Et l'éclat de ta majesté,
Quand elle emprunte une figure,
Fait grâce à notre infirmité.

Cette vision sublime est réservée aux bienheureux après la
mort :

L'esprit, de lumière en lumière,
Montant dans ton infinité,
S'y transforme en ta déité,
Qu'il embrasse et voit tout entière :
Cet esprit tout illuminé
Y goûte le Verbe incarné ;
Toi-même à ses yeux tu l'exposes,
Tel que *dans ces vastes palais*
Il était avant toutes choses
Et tel qu'il demeure à jamais. (IV, 11.)

*
* *

J'ai vu la peste en raccourci :
Et s'il faut en parler sans feindre,
Lorsque la peste est faite ainsi,
Peste ! que la peste est à craindre !

De cœurs qui n'en sauraient guérir
Elle est partout accompagnée,
Et dût-on cent fois en mourir,
Mille voudraient l'avoir gagnée (...)

Aussi faut-il leur accorder
Qu'on aurait du bonheur de reste,
Pour peu qu'on se pût hasarder
Au beau milieu de cette peste.

La mort serait douce à ce prix ;
Mais c'est un malheur à se pendre,
Qu'on ne meurt pas d'en être pris,
Mais faute de la pouvoir prendre.

Ces gaillardises, écrites apparemment à la suite de quelque
mascarade et publiées en 1660 avec diverses autres galante-
ries, chansons et « Bagatelles », sont à l'Imitation ce que
Parallèlement est à Sagesse : il faut toujours redescendre des
montagnes.

Finir sur les vers religieux de Corneille ne serait donc
peut-être pas très loyal : par-dessus tout il fut un écrivain.
Même ses poésies pieuses ont été, sans qu'il y pensât, surtout

EPISTRE.

ONSIEVR,

Ie vous presente vne piece de Theatre d'vn style si esloigné de ma derniere, qu'on aura de la peine à croiré qu'elles soyent parties toutes deux de la mesme main, dans le mesme Hyuer. Aussi les raisons qui m'ont obligé à y trauailler, ont esté bien differentes. I'ay fait Pompée pour satisfaire à ceux

qui ne trouuoient pas les vers de Polyeucte si puissants que ceux de Cinna,
& leur monstrer que i'en sçaurois bien
retrouuer la pompe, quand le sujet le
pourroit souffrir ; i'ay fait le Menteur
pour contenter les souhaits de beaucoup d'autres, qui suiuant l'humeur des
François ayment le changement , &
apres tant de Poëmes graues dont nos
meilleures plumes ont enrichy la Sce-
ne, m'ont demandé quelque chose de
plus enjoué qui ne seruist qu'à les diuer-
tir. Dans le premier i'ay voulu faire vn
essay de ce que pouuoit la majesté du
raisonnement & la force des vers des-
nués de l'agréement du sujet : dans ce-
luy-cy i'ay voulu tenter ce que pourroit l'agréement du sujet desnué de la

des expériences littéraires, un canton nouveau annexé à sa
poésie : l'art fut vraiment l'unique grande passion de sa vie.
Un artiste très conscient, toujours soucieux de dominer sa
matière et de changer son style suivant la nature de l'ouvrage.
Cela dès ses premiers essais. Préface de Clitandre :

Pour peu de souvenir qu'on ait de *Mélite*, il sera fort
aisé de juger, après la lecture de ce poème, que peut-être
jamais deux pièces ne partirent d'une même main, plus
différentes et d'invention et de style. Il ne faut pas moins
d'adresse à réduire un grand sujet qu'à en déduire un
petit ; et si je m'étais aussi dignement acquitté de celui-ci
qu'heureusement de l'autre, j'estimerais avoir en quelque
façon approché de ce que demande Horace au poète qu'il
instruit, quand il veut qu'il possède tellement ses sujets,
qu'il en demeure toujours le maître, et les asservisse à
soi-même, sans se laisser emporter par eux.

De même au sommet de sa carrière. Préface du Menteur :

Je vous présente une pièce de théâtre d'un style si
éloigné de ma dernière, qu'on aura de la peine à croire
qu'elles soient parties toutes deux de la même main
dans le même hiver. Aussi les raisons qui m'ont obligé à
y travailler ont été bien différentes. J'ai fait *Pompée* pour
satisfaire à ceux qui ne trouvaient pas les vers de *Polyeucte*
si puissants que ceux de *Cinna*, et leur montrer que j'en
saurais bien retrouver la pompe quand le sujet le pourrait
souffrir ; j'ai fait *Le Menteur* pour contenter les souhaits
de beaucoup d'autres qui, suivant l'humeur des Français,
aiment le changement, et après tant de poèmes graves dont
nos meilleures plumes ont enrichi la scène, m'ont demandé
quelque chose de plus enjoué qui ne servît qu'à les divertir.
Dans le premier, j'ai voulu faire un essai de ce que pouvaient
la majesté du raisonnement et la force des vers, dénuées de
l'agrément du sujet ; dans celui-ci j'ai voulu tenter ce que
pourrait l'agrément du sujet, dénué de la force des vers.

De là l'étonnante variété des styles de Corneille.

Il y a chez ce poète, habituellement plus cérébral que sensuel,
tout un talent pittoresque insoupçonné. Images de chasse :

Qu'au reste les veneurs allant sur leurs brisées
Ne forcent pas le cerf s'il est aux reposées.

(Clitandre.)

Pâturages normands :

Un bœuf piqué du taon qui brisant nos closages
Hier sur le chaud du jour s'enfuit des pâturages. *(Ibid.)*

Collation nocturne sur l'eau, dans Le Menteur *; ou,
beaucoup plus tard, évocation d'une fête de nuit à Versailles :*

Aviez-vous deviné que ce parc lumineux,
Ces belles nuits sans ombre avec leurs jours d'applique
Préparaient à vos chants un objet héroïque ?

Mythologie gracieuse :

Quoi ? bannir des enfers Proserpine et Pluton ?
Dire toujours le diable, et jamais Alecton ?
Sacrifier Hécate et Diane à la Lune,
Et dans son propre sein noyer le vieux Neptune ?
Un berger chantera ses déplaisirs secrets,
Sans que la triste Écho répète ses regrets ?
Les bois autour de lui n'auront point de dryades ?
L'air sera sans zéphyrs, les fleuves sans naïades,
Et par nos délicats les faunes assommés
Rentreront au néant dont on les a formés ?
... Moi, si je peins jamais Saint-Germain ou Versailles,
Les nymphes, malgré vous, danseront tout autour ;
Cent demi-dieux follets leur parleront d'amour ;
Du satyre caché les brusques échappées
Dans les bras des sylvains feront fuir les napées (...)

*La couleur biblique ? Il s'y était fait abondamment la main
en traduisant les* Louanges de la Sainte Vierge *et les* Psaumes
de l'Office de la Sainte Vierge. *Voici dans l'ode à Pélisson,
plus tardive, des vers dignes de Vigny (oublions qu'il s'agit
seulement de louer les hautes fonctions de Pélisson auprès du
Roi) :*

Mais je te vois alors comme un autre Moïse,
Quand le peuple de Dieu, par sa seule entremise,
Sur le mont de Sina reçut la sainte loi
A travers les carreaux, la terreur et l'effroi.
De sa haute faveur les tribus étonnées
Au pied du sacré mont demeuraient prosternées,
Pendant que ce prophète, élevé dans ce lieu,
Dans un nuage épais parlait avec son Dieu.

Veut-on du Meilhac et Halévy pour musiquette d'Offenbach?

JASON. — Déesse, quel encens...
JUNON. —   Traitez-moi de princesse,
        Jason, et laissez-là l'encens et la déesse.

De la verve satirique, avec accumulation burlesque de termes de métier ?

Oh ! le beau compliment à charmer une dame,
De lui dire d'abord : « J'apporte à vos beautés
Un cœur nouveau venu des universités ;
Si vous avez besoin de lois et de rubriques,
Je sais le *Code* entier avec les *Authentiques*,
Le *Digeste* nouveau, le vieux, *l'Infortiat*,
Ce qu'en a dit Jason, Balde, Accurse, Alciat ! »
Qu'un si riche discours nous rend considérables !
Qu'on amollit par là de cœurs inexorables !
Qu'un homme à paragraphe est un joli galant !
On s'introduit bien mieux à titre de vaillant :
Tout le secret ne gît qu'en un peu de grimace,
A mentir à propos, jurer de bonne grâce,
Étaler force mots qu'elles n'entendent pas,
Faire sonner Lamboy, Jean de Vert, et Galas,
Nommer quelques châteaux de qui les noms barbares
Plus ils blessent l'oreille, et plus leur semblent rares,
Avoir toujours en bouche angles, lignes, fossés,
Vedette, contrescarpe, et travaux avancés (...)

Du romantisme à la Hernani *?*

Pertharite à Milan, Gundebert à Pavie...

ou :

Eh bien ! Seyez-vous donc, marquis de Santillane,
Comte de Pennafiel, gouverneur de Burgos.
Don Manrique, est-ce assez pour faire seoir Carlos ?

Du Hugo deuxième manière (époque Contemplations*) ?*

L'étoile a son rayon, et la verge a sa fleur.

De la poésie philosophique dans le goût de Voltaire ?

Ramène dans nos jours le siècle d'innocence
Et du monde naissant la sainte probité.
En vain dans la Bastille on t'accabla de fers (...)
Monument éternel où la postérité
Viendra dans tous les temps chercher la vérité.

Du réalisme picaresque (vingt ans avant Boileau) ?

Ce maraud de farceur m'a fait si bien connaître
Que les petits enfants, sitôt qu'on m'aperçoit,
Me courent dans la rue et me montrent du doigt ;
Et chacun rit de voir les courtauds de boutique,
Grossissant à l'envi leur chienne de musique,
Se rompre le gosier dans cette belle humeur
A crier après moi : « Le valet du Menteur »...

Du Racine avant Racine ?

Je vous vois chaque jour avec inquiétude
Chercher ou sa présence ou quelque solitude,
Et dans ces grands jardins sans cesse repasser
Le souvenir des traits qui vous ont su blesser.
... Je te haïrais peu si je ne t'aimais pas...
... Tu n'as qu'à dire un mot, ton crime est effacé :
J'ai déjà, si tu veux, oublié le passé.
... Je vois ton artifice et ce que tu médites :
Tu veux que je te perde et que je te regrette,
Que j'approuve en pleurant la perte que j'ai faite,
Que je t'estime et t'aime avec ta lâcheté...

(La Toison d'Or, une des pièces auxquelles Racine doit le plus.)

Voici maintenant du Musset (Laisse-la s'élargir cette sainte blessure) :

Porte-la de bon cœur cette croix salutaire
Que tu vois attachée à ton infirmité.

Du Lamartine (Le calme avant-coureur de l'éternelle paix) :

Le calme intérieur d'une céleste paix.

Du Baudelaire (Je sais l'art d'évoquer...) :

Je sais l'art d'échapper aux charmes les plus forts...

Le Parnasse :

Neptune est irrité, les Nymphes de la mer
Ont de nouveaux sujets encor de s'animer...
Sur leurs sables témoins de tant de vanités
Je vais sacrifier à leurs divinités
Et conduisant ma fille à ce même rivage...
Joindre nos vœux au sang des taureaux immolés.

CORNEILLE

Voici de l'Aragon :

> ... Le prix que nous valons, qui le sait mieux que nous ?
> ... Seigneur, si j'ai raison, qu'importe à qui je suis ?

Et, naturellement, du Péguy :

> Tu n'as point fait ici dans l'or ni dans l'ivoire
> Le choix de tes amis et de tes commensaux,
> Mais dans le plus bas rang et les plus vils travaux
> Que le monde orgueilleux ait bannis de sa gloire.

Et l'invention du vers ternaire, avec ses déchirantes mélodies :

> ... Ne les détournez point ces yeux qui m'empoi-
>   [sonnent,
> Ces yeux tendres, ces yeux perçants mais amoureux.

> ...Je veux, sans que la mort ose me secourir,
> Toujours aimer, toujours souffrir, toujours mourir.

Et Corneille enfin. Car personne n'a jamais retrouvé le secret de ces vers-là, forts et virils, mais qui laissent percevoir en profondeur, par un jeu subtil d'harmoniques, toute la souffrance humaine :

> C'est en séchant vos pleurs que vous vous montrerez
> La véritable sœur de ceux que vous pleurez.

CORNEILLE,
SIGNE DE CONTRADICTION

Jamais le vers ne le fait éloigner de la chose ; jamais la rime ne l'oblige d'extravaguer ; jamais les grands mots ne sont violemment appliqués : tout y paraît naturel, et lié plutôt par l'ordre des choses que de l'ouvrage, et par l'enchaînure des sujets que par les soins de l'esprit. (Abbé de Pure, *La Précieuse*, 1ʳᵉ partie, 1656.)

Jamais [chez Racine] la parole n'est soufflée au héros par un auteur de génie [comme chez Corneille]. (Jean Giraudoux, *Racine*, 1929.)

*
* *

Il n'écrit pas pour émouvoir, mais pour faire des études d'âmes [...] Il passe entre le tragique et le comique, prenant ce qu'il y a de moins violent dans l'un et l'autre. Il tend ainsi à une pièce d'analyse, toute organisée pour être une image claire de la vie telle qu'il la voit [...] Il garde cependant l'atrocité, le meurtre, le sang versé, et met tout cela ͗omme en bordure de sa psychologie. Il retient l'immolation du héros comme un rite archaïque, comme une formalité absurde et respectable. (Lanson, *Corneille*, 1898.)

Le plus grand de tous les tragiques. (Péguy, *Victor-Marie, Comte Hugo*, 1910.)

*
* *

Il reste [de Corneille] une arête sans bavure, apparaissant abrupte à travers l'anecdote des tragédies, ces illustrations insensées, quoique pleines d'une infernale grandeur, de toutes les formes de la volonté de puissance, et aboutissant en surplomb à l'*amor fati*, l'acceptation souriante et affirmative du destin, où Nietzsche aussi parviendra, et par le même sentier de chèvre. (Roger Caillois, *N. R. F.*, 1ᵉʳ oct. 1938.)

... Le mélange habituel chez les héros de Corneille d'énergie volontaire et d'indécision intellectuelle ou sentimentale. Comme Pauline, Andromède est heureuse d'aimer par ordre : cela la tire de toute difficulté [...] La volonté s'exerce mieux ainsi dans la servitude, car elle est incapable de prendre une décision spontanée qui l'effaroucherait. (Léon Lemonnier, *Corneille*, 1945.)

CORNEILLE

***

Voilà l'éclatante et unique beauté de Polyeucte : ce magnifique dévêtement du Saint, du martyr et de Dieu même : nul manteau de vertu, de nos maigres vertus [...] de nos fausses vertus. Nul manteau magique. Les tenants de la bonne cause ne reçoivent nul armement frauduleux. Il est si rare que les tenants de la bonne cause ne reçoivent pas une merveilleuse armure, c'est-à-dire une armure frauduleuse ; c'est-à-dire il est si rare que les tenants de la bonne cause n'aient pas peur. (Péguy, *Note conjointe sur M. Descartes*, 1914.)

Corneille ou le mensonge héroïque. (André Rousseaux, 1941.)

***

Cette emphrase, ce bavardage qui emplit leurs vers [*Hardy, Auvray, Corneille, Rotrou* !] de cavernes et de ludions poétiques. (Giraudoux, *Racine*.)

La pureté, la dureté du texte ne se laisse entamer en rien. Elle ne se laisse pas ronger d'un grain [...] La ligne est aussi pure, la pierre est aussi nette, aussi dure, aussi exacte ; aussi dure sous l'ongle [...] Et le texte et l'œuvre n'en baignent pas moins dans des obscurs, dans des ombres, dans des lumières infinies. (Péguy, *Victor-Marie, Comte Hugo*).

***

Corneille ne semble pas avoir compris qu'il était tombé dans le péché le plus grave qui guette les auteurs arrivés : l'exploitation mécanique d'une virtuosité de métier. (Schlumberger, *Plaisir à Corneille*, 1936.)

Un génie peut être dessaisi par un talent, par le talent qui le parasite [...] Ce qui fait de Corneille un cas unique, c'est peut-être cette pureté unique du génie, cette incapacité totale du talent [...] cette incapacité, quand le génie n'y était pas, de savoir y faire, [...] de substituer au génie le talent. (Péguy, *ibid.*)

On pourrait poursuivre indéfiniment.

1627-28 (?) *Mélite.*

Débuts dans la carrière judiciaire.

1630-31 *Clitandre.*
1631-32 *La Veuve.*
1632-33 *La Galerie du Palais.*
1633-34 *La Suivante ; La Place Royale.*
1634-35 *Médée.*
1635-36 *L'illusion comique.*
1636-37 *Le Cid.*

Querelle du Cid.

1639-40 *Horace.*
1640-41 *Cinna.*

Mariage.

1642-43 *Polyeucte.*
1643-44 *Pompée ; le Menteur.*
1644-45 *La suite du Menteur ; Rodogune.*
1645-46 *Théodore.*
1646-47 *Héraclius.*

La Fronde.

1649-50 *Andromède ; Don Sanche.*
1650-51 *Nicomède.*
1651-52 *Pertharite.*

L'Imitation de Jésus-Christ.

1658-59 *Œdipe.*
1660-61 *La Toison d'Or.*
1661-62 *Sertorius* (fév. 62).
1662-63 *Sophonisbe* (janv. 63).
1664-65 *Othon* (août 64).
1665-66 *Agésilas* (fév. 66).
1666-67 *Attila* (mars 67).

Andromaque et Britannicus.

1670-71 *Tite et Bérénice* (28 nov. 70).
1672-73 *Pulchérie* (nov. 72).
1673-74 *Suréna* (nov. 74).

ŒUVRES DE CORNEILLE EN LIBRAIRIE [1]

ATTILA, coll. « Nouveaux Classiques Hatier », 1 vol., Hatier, 1,25 F. Ann. de M. Autrand, « Nouveaux Classiques » Larousse, 2 F.

LE CID, LA CHANSON DE RODRIGUE, notes de G. Mony, G. Mony à Nice, 2,90 F.

LE CID, notes par G. Reynier, coll. « Chefs-d'œuvre de la littérature expliquée », Mellottée, en réimp. à 10,50 F. Notes par M. Cauche, coll. « Société des textes français modernes », Didier, 5 F., coll. « Classiques de la civilisation française », 3,25 F. Notes par R. Caillois, coll. « Classiques France », Hachette, 1,70 F. Présenté par J.Reynaud, coll. « Les chefs-d'œuvre français », IAC, ép. Notes par R. Vaubourdolle, coll. « Classiques illustrés Vaubourdolle », Hachette, 1,25 F. Notes par F. Duval, coll. « Classiques Larousse », Larousse, 1,30 F. Coll. « Les Nouveaux Classiques Hatier », Hatier, 1,25 F. Notes par R. Morcay, coll. « Nos auteurs classiques », De Gigord, 0,45 F. Coll. « Classiques », Bordas, 1,80 F. Annot de L. Lejalle et J. Dubois, « Nouveaux Classiques » Larousse, 2 F.

CINNA, mise en scène de Charles Dullin, coll. « Mise en scène », éditions du Seuil, 6 F. Présenté par H. Rambaud, coll. « Les chefs-d'œuvre français », IAC, ép. Notes par R. Vaubourdolle, coll. « Classiques illustrés Vaubourdolle », Hachette, 1,25 F Coll. « Classiques du Théâtre », 4,80 F. Notes par R. Lejeune, coll. « Classiques Larousse », Larousse, 1,30 F. Coll. « Les Nouveaux Classiques Hatier », Hatier, 1,25 F. Notes par G. Guilbert, coll. « Nos auteurs classiques », De Gigord, 0,45 F. Coll. « Classiques », Bordas, 1,80 F.

CLITANDRE, édition critique par R. L. Wagner, coll. « Textes littéraires français », Droz, 5 F.

HORACE, LA PROMESSE DES DIEUX, notes de G. Mony, G. Mony à Nice, 2,90 F.

HORACE, présenté par J. Reynaud, coll. « Les Chefs-d'œuvre français », IAC, ép. Notes par R. Vaubourdolle, coll. « Classiques illustrés Vaubourdolle », Hachette, 1,25 F. Notes par G. Chappon, coll. « Classiques Larousse », Larousse, 1,30 F. Coll. « Les Nouveaux classiques Hatier », Hatier, 1,25 F. Notes par Carrière, coll. « Nos auteurs classiques », De Gigord, 0,45 F. Coll. « Classiques », Bordas, 1,80 F.

L'ILLUSION COMIQUE, notes par P. Mélèze, coll. « Classiques Larousse », Larousse, 1,30 F. Coll. « Les classiques pour tous », Hatier, 1,25 F. Coll. « Sté des textes français modernes », Didier, 15 F.

L'IMITATION DE JÉSUS-CHRIST, traduite et paraphrasée en vers français par P. Corneille. Édition présentée et annotée par Fr. Ducaud-Bourget, Albin Michel, 6,75 F. Reliure parchemin, 12 F. Gallimard, coll. « Classiques », 1 F.

MÉLITE, édition critique par Mario Roques et Marion Lièvre, coll. « Textes littéraires français », Droz, 5 F. Coll. « Les Classiques pour tous », Hatier, 1,25 F.

LE MENTEUR, ann. de P. Voltz, « Petits Classiques », Bordas, 1,80 F. Coll. « Classiques pour tous », Hatier, 1,25 F. Notes par A. Cart, coll. « Classiques Larousse », Larousse, 1,30 F.

---

1. Ces prix sont donnés sous toute réserve et à titre indicatif; ils correspondent aux prix de catalogues de 1966.

CORNEILLE

LA MORT DE POMPÉE, notes par Pangaud, coll. « Classiques Larousse », Larousse, 1,30 F.

NICODÈME, ann. de E. Soufflet, « Petits Classiques », Bordas, 1,80 F. Notes de R. Vaubourdolle, coll. « Classiques illustrés Vaubourdolle », Hachette, 1,25 F. Notes par Mlle Delarouzée, coll. « Nouveaux Classiques », Larousse, 2 F. Coll. « Les classiques pour tous », Hatier, 1,25 F.

L'ŒUVRE DE CORNEILLE, extraits par A. Stegmann, coll. « Classiques France », Hachette, 1,85 F.

ŒUVRES COMPLÈTES, préface de R. Lebègue, présentation et notes de A. Stegmann, coll. « l'Intégrale », Éditions du Seuil, 1 vol. rel., 24 F. Édition établie par Marty-Leveaux, coll. « Grands écrivains de la France », seuls tomes disponibles : VI, VIII, XII, Hachette, chacun 4,80 F.

LA PLACE ROYALE OU L'AMOUREUX EXTRAVAGANT, coll. « Sté des textes français modernes », Didier, 12 F.

POLYEUCTE, notes par Jean Calvet, coll. « Chefs-d'œuvre de la littérature expliquée », Mellottée, 9 F. Notes par G. Michaux, coll. « Classiques France », Hachette, 1,86 F. Notes par R. Vaubourdolle, coll. « Classiques illustrés Vaubourdolle », Hachette, 1,25 F. Notes par G. Chappon, coll. « Nouveaux Classiques », Larousse, 2 F. Coll. « Les nouveaux classiques Hatier », Hatier, 1,25 F. Notes par G. Gaillard de Champris, coll. « Nos auteurs classiques », De Gigord, 0,45 F. Coll. « Classiques », Bordas, 1,80 F. Ann. de G. Delaisement, « Classiques de la civilisation française », Didier, 3,25 F.

RODOGUNE, ann. de M. Cregretin, « Petits classiques », Bordas, 1,80 F. Éditions critique par J. Scherer, coll. « Textes littéraires français », Droz, 5 F. Notes par R. Pangaud, coll. « Classiques Larousse », Larousse, 1,30 F.

SCÈNES CHOISIES, édition scolaire par Rat et Wannesson, Nathan, épuisé. Par Petit de Julleville, coll. « Classiques français », Hachette, 0,85 F.

SERTORIUS, notes par P. Mélèze, coll. « Classiques Larousse », Larousse, 1,30 F. Coll. « Textes littéraires français », Droz, 7,40 F.

THÉÂTRE, De Gigord, 5,40 F. Coll. « Théâtre Classique », Éd. Rencontre, 5 tomes à 13,20 F chacun.

THÉÂTRE COMPLET, Garnier, coll. « Classiques », 3 vol. à 9,50 F chacun; Annoté par M. Rat, coll. « Prestige », 3 vol. rel. à 23 F chacun. Préface et notes par P. Lièvre, édition complétée par R. Caillois, coll. « Bibliothèque de la Pléiade », Gallimard, 2 vol. à 38,05 F chacun. Hachette, coll. « Le livre de poche classique », 3 t. à 3,40 F chacun; coll. « Flambeau », 2 vol. à 6 F chacun.

THÉÂTRE CHOISI, par Maurice Rat, coll. « Classiques », Garnier, br., 10 F; coll. « Sélecta », rel., 14 F; coll. « Prestige », 19,50 F. Par Petit de Julleville, Hachette, 11,15 F; coll. « Classiques Français », 7,50 F. Édition scolaire par Margival, De Gigord, 6,50 F.

TROIS DISCOURS SUR LE POÈME DRAMATIQUE, notes de L. Forestier, Éditions C.D.U., 10 F.

LA VEUVE, texte de la 1re édition (1634) publiée avec les variantes par Mario Roques et Marion Lièvre, coll. « Textes littéraires français », Droz, 7,60 F.

NOTE SUR LES ILLUSTRATIONS

L'iconographie de ce volume est composée :

1° de documents (gravures imprimés, manuscrits) appartenant à la Bibliothèque Nationale (Service photographique de la B. N.);

2° de photographies de quelques monuments rouennais, ainsi que de peintures ou de documents appartenant soit à la Bibliothèque Municipale soit à l'un des Musées de Rouen (clichés « Ellebé », Bernard Lefebvre, Rouen);

3° de quelques portraits appartenant soit au Château de Versailles soit au Musée de la Ville de Versailles. De ce dernier, le portrait du fils aîné du poète par Jean de Reyn, élève de Van Dyck (p. 55) et celui d'un abbé qui pourrait être son fils Thomas, abbé d'Aiguevive (p. 45), car ils proviennent tous deux de la famille de Corday;

4° d'une photographie (p. 102) d'un petit meuble de bureau qu'on croit avoir appartenu à Corneille, et que son actuelle propriétaire, Mme Jeanne Dorys, a bien voulu nous autoriser à reproduire ici.

N.-B. — En ce qui concerne les différents portraits de Corneille et leur authenticité respective (certaine, douteuse ou nulle), se reporter à l'étude très solide consacrée à cette question par Georges Couton dans sa thèse complémentaire : *Le légendaire cornélien* (Paris, imprimerie Deshayes, 1949).

A l'exception du portrait de la p. 187, nous n'avons fait figurer dans ce livre que les trois seuls dont l'authenticité est indiscutable : Corneille à 37 ans, dessiné et gravé par le Rouennais Michel Lasne, (p. 4); à 57 ans, « *Paillet ad vivum delineavit, Guillelmus Vallet sculpsit* » (p. 53); à 77 ans, gravure de Cossin d'après une peinture, aujourd'hui perdue, de François Sicre (p. 156).

Table

ACHEVÉ D'IMPRIMER EN 1966 PAR L'IMPRIMERIE TARDY A BOURGES
D. L. 1er trim. 1956. N° 586.8 (1754)